環球國家地理
〔全新黃金典藏版〕

亞洲
大洋洲

前言
FOREWORD

　　夕陽和晚風送走一天的喧囂，萬花筒般的世界暫時停止了旋轉，在忙碌中拂去一整日的疲勞，你是否也隱隱感覺到，世界不只是眼前的世界？出於心靈深處對地球另一端的渴望，出於人類與生俱來的好奇，人們總喜歡踮起腳尖，眺望地平線以外的地方。

　　喜馬拉雅之巔，聖潔的雪山女神遺世而獨立，接受著傳承萬代的虔誠子孫頂禮膜拜；地中海岸，圓月從帕德嫩神廟的頂端升起，聖潔的光輝灑在古老的文明之地；吉力馬札羅的雪依舊潔白如昔，杜利・威爾遜的婉轉歌聲仍然在卡薩布蘭卡迴響，純潔的愛情在白色宮殿裡綻放；廣闊而綽約的亞馬遜雨林以野性和神祕蠱惑著世人的心靈，潘帕斯草原上的牧歌餘音繞梁，歲月的刻刀在牧羊人的臉上留下了孤獨與寂寞的字樣；

　　堅強的皇帝企鵝在肆虐的風暴中守護著愛情的結晶，等待著新生命的破卵而出……

　　正是有感於地理的魅力，也折服於大千世界那種種未知的美麗，我們精心打造了這套《環球國家地理》（全新黃金典藏版），希望將一系列比較完整的環球國家地理風情奉獻給同樣癡迷於地理魅力的人們。本套書將世界分為歐洲、亞洲、大洋洲、非洲、美洲、兩極六大部分，每部分以國家為基本的單元，通過人口、民族、自然地理、歷史文化、城市、經濟等方面的詳盡介紹，將自然與人文完美地結合在一起，用近百萬的翔實文字和2,000多張精美的圖片記錄了國家地理的真實面貌，再現環球國家地理的本來色彩。

目錄 CONTENTS

目錄 CONTENTS

5

目錄 CONTENTS

亞洲

ASIA

蒙古

MONGOLIA
Монгол улс

蒙古國位於亞洲中部，南、東、西與中國接壤，北與俄羅斯相鄰。東西長2,368公里，南北寬1,260公里，邊界線總長度達8,150公里。蒙古國面積在亞洲各國中居第七位，是世界上面積第二大的內陸國。屬典型的溫帶大陸性氣候，冬季嚴寒，夏季溫暖，溫差大，降水少。多風暴和乾旱是蒙古國農牧業生產的兩大自然災害。

🌏 自然地理

蒙古地勢高亢，平均海拔1,580公尺。全境可分為西部山地，以及中部、東部高原和南部戈壁3個地形區，主要山脈有阿爾泰山、杭愛山、肯特山等。中蒙邊境的友誼峰（奈拉姆達勒山）海拔4,374公尺，為蒙古最高峰。戈壁面積占全國1/3，地勢緩平。主要河流有色楞格河及其支流鄂爾渾河、克魯倫河等。山間還有內流河注入而成的湖泊，如烏布蘇湖等。

國 家 檔 案

全名	**蒙古國**
面積	156.65萬平方公里
首都	烏蘭巴托
人口	306萬（2016年2月）
民族	喀爾喀蒙古族80%，此外還有哈薩克、杜爾伯特、巴雅特、布里亞特等15個少數民族
語言	主要語言為喀爾喀蒙古語
貨幣	圖格里克
主要城市	烏蘭巴托、達爾汗、蘇赫巴托、額爾登特、喬巴山、科布多、烏里雅蘇台

遼闊的天然牧場和豐富的煤礦資源

蒙古天然牧場遼闊，面積廣大，占整個國土面積的70%以上，居世界第六位，人均草原面積居世界各國之首，為畜牧業的發展提供了得天獨厚的自然條件。草原主要分布在杭愛山－肯特山降水充足地區。蒙古森林面積為1,284.5萬公頃，全國森林覆蓋率為8.2%。蒙古地下礦產資源豐富，主要有煤、銅、鎢、螢石等80多種礦物。

蒙古東部的地勢稍平坦，多半是丘陵和平原地區，海拔高度一般在1,000公尺～1,800公尺之間。

Travel Smart

湖泊｜河流｜山峰

1. 蒙古最大的淡水湖是庫蘇古勒湖，蒙古最大的鹹水湖是烏布蘇湖。

2. 蒙古全國最大的河流是色楞格河，最終注入貝加爾湖，同時，它又是北冰洋流域和內陸河流域的主要分水嶺。

3. 蒙古第二高峰是位於北部的奧特根騰格爾山峰，海拔4,031公尺。

🏛 歷史文化

蒙古民族，是逐水草而生的馬背上的遊牧民族，有數千年的歷史。蒙古民族自古以「歌舞為伴，史詩為鑒」著稱。古時，他們靠歌唱記載歷史，靠舞蹈表現生活。如今，高亢的牧歌還在遼闊的草原上空響起，悠揚的馬頭琴曲還在夕陽下時斷時續地蕩漾，象徵力量和勇氣的角力舞還在各處蒙古包的聚集處流行。這個豪放、灑脫的民族還在延伸他們獨特的歷史文化風采。

白蘑菇似的蒙古包

蒙古牧民每年都要隨著季節的更替而變換牧場。當牧民趕著牲口轉場時，他們都要帶著蒙古包，以便在新地方「安營紮寨」。蒙古包是這些遊牧民族的住所。蒙語稱這種特定的民族建築為「蒙古格勒」，一般被譯為「蒙古包」。蒙古包一般為圓形，牧民們用木條編紮成網狀的壁圍和半圓形或尖形的頂，上面覆蓋羊毛織成的毛氈，包頂中央有可以開合的天窗，用以採光和通氣。蒙古包門朝南或東南，帳內中央安置爐灶，四周放置家具床位，有的包內還供奉佛龕，地上鋪著隔涼防潮的羊毛氈。蒙古包易於安裝和拆運，是一種與牧民遊牧生活相適應的建築形式。

傳統服飾蒙古袍

蒙古民族的傳統服裝與他們的遊牧生活相適應，特點鮮明。男女皆穿鑲邊長袍，下襬沒有開衩，這樣的長袍在騎馬放牧時能護膝防寒，夜晚還可當被蓋。蒙古人一般都紮紅、黃、綠等彩色腰帶，這樣能保持腰部在馬上穩定垂直。在農業區和部分半農半牧區的蒙古人，多穿布料的長袍、束腰帶。

蒙古牧民居住在用毛氈建成的蒙古包中，遼闊的草原上，到處散落著白蘑菇似的蒙古包。

婦女留髮辮，用紅、藍頭巾包纏。男子一般在腰間佩帶精美的蒙古刀。男女都穿靴子。最漂亮的是蒙古新婚婦女的頭飾，其頭上飾有小珊瑚珠數串，垂於額際，並收大珊瑚串掛於兩耳鬢髮邊或懸在胸前為飾。而現代的蒙古族的服飾已有變化，城裡人穿戴著現代服飾和各種各樣的新款式服裝。

建於1674年的達賴喇嘛寺大門，裝飾古樸莊重。

馬頭琴

蒙古民族音樂文化的百花園中，馬頭琴巧奪天工、光彩奪目。當你聽到深情婉轉的馬頭琴演奏，自然會被它純美的音色所吸引。馬頭琴的外形與漢族地區流行的胡琴有些相似，但鳴腔為梯形，蒙面的不是胡琴上通用的蛇皮，而是草原上易得的馬皮或羊皮。馬頭琴以馬骨裝飾，馬尾為弦，馬背為弓，有著濃郁的遊牧民族的特色。馬頭琴的音色純樸、渾厚，貼近人聲。演奏時採用坐勢，將共鳴箱夾在兩腿之間。早期的馬頭琴主要擔當史詩說唱及民歌的伴奏，一首民歌就是一支馬頭琴曲，人聲起便可琴聲和，尤其是同蒙古民族的「烏爾坦道」（即長調民歌）相結合，更具草原文化的韻味。

祭敖包習俗

「敖包」是蒙古語，即人工堆積而成的石堆。一般築於草原的山頂或丘陵之上，在圓壇上面堆積石頭為台，台基上重疊作圓錐體，高約十餘丈。蒙古族祭祀敖包，於每年農曆五月十三日召開。屆時敖包密插樹枝，四周懸掛五顏六色的布條和紙旗，旗上寫著經文，焚香點火，喇嘛誦經念咒，具有濃厚的民族特色與宗教色彩。禮儀畢，舉行傳統的賽馬、射箭、摔跤等活動。

精緻的蒙古刀

蒙古刀種類繁多，造型各異。從前的蒙古刀比現在的更漂亮，鞘中有孔，可插象牙或駝骨筷子。鞘上有環，環上綴有絲線帶子。絲線帶子一頭有環，可以掛在身上；一頭編有蝴蝶結，下面是穗子；一頭有勃勒。勃勒是一種銀子打的圓形飾件，上面有花紋，中間嵌有珊瑚大珠。蒙古刀的勃勒，也有用綢緞刺繡的。刀鞘用金、銀、銅做成，上刻龍、虎、獸頭、雲紋等圖案，象牙筷的大頭一端還套有銀束子，民間傳說用它可以測出飯菜是否有毒。

蒙古民族常被譽為「馬背上的民族」。自古以來蒙古人騎馬善射，強健驃悍。如今在節日慶典上，騎在馬背上的士兵，風姿依舊颯爽。

喇嘛教是蒙古人信仰的主要宗教，喇嘛寺廟是蒙古人宗教活動中心。

🏛 主要城市

　　蒙古以前沒有成形的城市規模，在一望無際的大草原上，零星散布著許多簡陋而破落的小城鎮，小城鎮中建有許多喇嘛廟。隨著經濟的發展，蒙古出現了許多規模較大的新城鎮，面貌一新，這些城市大多集中在蒙古北部的色楞格河及其支流鄂爾渾河流域。

首都烏蘭巴托

　　烏蘭巴托位於蒙古高原中部，肯特山南端，鄂爾渾河支流圖拉河北畔，海拔1,350公尺。烏蘭巴托是蒙古政治、經濟、文化中心。它四面環山，圖拉河從市中心緩緩流過，像一條銀色的哈達

迎接著四面八方的來客。烏蘭巴托始建於1639年，當時稱「烏爾格」，蒙語為「宮殿」之意，為喀爾喀蒙古第一個「活佛」哲布尊丹巴一世駐蹕之處。1778年取名為「大庫倫」，蒙語為「大寺院」之意。後來，將「大庫

烏蘭巴托到處都有宗教寺廟，圖為蒙古寺廟中的佛像。

蘇赫巴托南距烏蘭巴托300多公里，也是北方新興的工業城市，圖為整個城市景觀。

新興工業城市達爾汗

達爾汗位於蒙古北部哈拉河谷，南距烏蘭巴托230公里。達爾汗是蒙古的第二大城市，全市分三個工業區：北部是建築材料綜合廠、食品廠等；中央部分是福利區、住宅、文化部門和輕工業工廠；南部是熱電站，供應烏蘭巴托、蘇赫巴托、額爾登特等市，以及東哈拉、西哈拉、札爾格朗圖、寶爾淖爾國營農牧場的熱能和電力。市郊的沙拉河煤礦是露天煤礦，是全國第二大煤礦，有通往達爾汗的鐵路。達爾汗交通方便，北京—烏蘭巴托—莫斯科的國際列車經過這裡，近郊還有一座機場。

倫」改為現名烏蘭巴托（意為紅色的英雄城）。

烏蘭巴托東西長，南北窄，面積2,000平方公里。全市共分5個區，即蘇赫巴托區、友誼區、十月區、工人區和那萊赫區。市內有許多高樓大廈，如政府大廈、國立喬巴山大學、國立圖書館、中央醫院、中央電影院、國立音樂劇院、烏蘭巴托結婚宮等。烏蘭巴托市內還有許多設備先進的工業企業，如發電廠、毛紡廠、皮革廠、肉類加工廠、糖廠等等，其產值占全國工業總產值的1/2左右。此外，還有2萬餘家外商獨資、合資、國有和私營企業。烏蘭巴托還是全國的交通運輸中心，以烏蘭巴托為中心的現代化交通運輸網已經形成。公路、鐵路、航空運輸線都以此為中心輻射出去，通向全國各城鎮以及世界各地。

烏蘭巴托作為蒙古交通的中心，各種運輸線都以此為中心，通往全國各城鎮以及世界各地。圖為郊區公路上行駛的汽車。

Travel Smart

風光｜溫泉｜那達慕

1. 蒙古草原的風光、庫蘇古勒湖的景色，吸引著許多國外旅遊者。

2. 蒙古有許多出名的冷泉和溫泉，肯特山和杭愛山的溫泉可以治療各種疾病，每年吸引著許多遊客前來休養。

3. 在蒙古草原上飲一次酸馬奶，住一次蒙古包，或騎一次駱駝，趕上舉行「那達慕」（意為「遊戲」）大會，還可親自觀賞或參加賽馬、摔跤、射箭等活動，是眾多遊人樂此不疲的快事。

蒙古額爾登尼召寺的圍牆，在藍天碧草的映襯下，白色牆壁更加引人注目

東部工貿城喬巴山

喬巴山位於蒙古東部的克魯倫河北岸，是東方省省會，也是蒙古東部政治、經濟、文化中心。喬巴山原名為桑貝子，為了紀念喬巴山而改為現名。喬巴山工商業較發達，市內建有發電廠、喬巴山肉品聯合加工廠、食品聯合廠、麵粉廠、洗毛廠、汽車修配廠、露天煤礦和混凝土構件預製廠等等。和過去只有一座巴音圖門寺院相比，喬巴山如今面貌一新。這裡還有二戰期間修築的喬巴山到蘇聯的鐵路，同時喬巴山也是克魯倫河流域最大的貨物運轉地，極具經濟意義。

蘇赫巴托

蒙古的第五大城市，位於鄂爾渾河與流入俄羅斯境內貝加爾湖的大河色楞格河的匯合處，也就是在蒙俄邊境口岸，為色楞格省首府。1925年～1926年建為航運碼頭，現已成為蒙古最大的新建河港。1949年當烏蘭巴托到蘇聯的烏蘭烏德鐵路通車後，此地便成為蒙古水陸運輸的重要樞紐和商業中心。現在，蘇赫巴托已是蒙古重要的河港和全國最大的對外貿易中心。著名的依羅金礦就位於市東南。

蘇赫巴托城原來的名字是「阿爾坦布拉克」，本是俄國邊境小城恰克圖的一個鎮，人稱「買賣城」，是當時中俄之間貿易往來的重要通道。1921年的蒙古革命，人民黨領袖蘇赫巴托和喬巴山在蘇軍的配合下，最先攻克這座城鎮，並憑藉此地作為革命的中心向全國推進，最終占領了以札爾罕札活佛為首的神權政府，即設立在首都庫倫的博克多格根政府。

牧業是蒙古國民經濟的基礎，50%以上的勞動力從事畜牧業。主要牲畜有綿羊、山羊、馬、駱駝等，其存欄總數約300萬頭。

15

日本

 JAPAN

日本国

　　日本位於太平洋西岸，是一個由東北向西南延伸的弧形島國。由北海道、本州、四國、九州4個大島和其他6,800多個小島嶼組成，其中4個大島面積占國土總面積的95.4%。山地和丘陵占75%，台地占12%，平原低地占13%。西隔東海、黃海、朝鮮海峽、日本海與中國、北韓、南韓、俄羅斯相望。

日本是個多山的國家，平原較少。由於山川的阻隔，平原顯得狹小而零散，大部分分布在河川下游和沿海地區。

🌏 自然地理

　　日本原本就是由一群大大小小的島嶼組成的國家，火山活動與地震頻發，河流與湖泊密布，這些都是人類無法改變的大自然的力量，而聞名遐邇的富士山，就是大自然鬼斧神工的作品。

火山與地震

日本的陸地面積雖然僅占世界陸地面積的1/396，卻集中了世界上活火山總數的1/10，是世界上屈指可數的幾個多火山國家之一，故有「火山國」之稱。全國有大小火山200多座，密度極高，其中活火山約占1/3。日本火山劇烈活動後留下的火山口隨處可見，其中阿蘇火山的火山口相當有名，它東西寬16公里，南北長27公里，周圍擴及114公里，是世界上最大的火山口。眾多的火山也形成了許多溫泉，日本全國約有大小溫泉2萬處，溫泉吸引了廣大的國內外遊客。日本列島地處環太平洋造山地帶，地盤極不穩定，地震十分頻繁。全國每年地震發生率平均多達1,500次以上，日平均發生地震4次以上。所以日本又有「地震國」之稱。

日本森林資源非常豐富，森林覆蓋率約占陸地面積的67.7%。金秋時節，層林盡染，煞是好看。

Travel Smart

阿寒國立公園

阿寒國立公園是日本最美麗的公園之一。阿寒湖水域寬闊，清澈如鏡。湖岸有擺渡，遊客可以泛舟於水上，遊湖賞景。春天來遊，新綠初上，雜花生樹，群鳥翔鳴，岸芷汀蘭，鬱鬱青青，生機勃勃，很有南國氣象。阿寒湖畔東西對稱的夫妻山尤其富有詩意，二山隔湖相望，別具風情。東邊的叫雄阿寒嶽，西邊的叫雌阿寒嶽。雄雌阿寒嶽均為火山口噴出的岩漿形成的。從阿寒嶽山頂到湖面，色彩從紫紅色、深綠色，到淺藍色，層次鮮明，十分和諧。山上火紅似燃，山下濃綠如染；湖面水光激灩，真可謂一幅天然畫卷。阿寒嶽在湖心的倒影，宛如鑲嵌在鏡子裡的一幅超豔貝雕，立體感十分的強，真切可掬，造成雙重的景色。綠色的湖水，碧藍的天空，微風蕩漾，漣漪飄動，泛舟水上，會生怕破壞這幅美好的圖畫、搖碎滿湖的花朵。

發達的水系

日本河流密布，全國有河川上百條，其中信濃川最長，全長367公里。利根川流域面積達16,840平方公里，為日本第一大河。日本約有湖泊600餘處，大都分布在本州和北海道兩個大島。其中很多都是分布在高山上的小而深的火山湖。日本最大的湖泊是琵琶湖，它位於本州滋賀縣境內，面積

672平方公里，因其形似琵琶，故而得名。日本是世界上海岸線最長的國家之一，全國海岸線總長度3.3萬多公里。日本列島西部沿日本海一側，懸崖多，良港少；東部瀕臨太平洋一側，則有許多天然良港，非常有利於建設大型良港。

富士山

富士山位於本州中南部，被日本奉為「聖山」，視為國家的象徵。富士山約形成於1萬年前，是一座年輕的火山。富士山現在的秀麗形態，是5,000年前左右的火山噴發後所形成。富士山頂有一處巨大的火山湖，直徑約800公尺，深200公尺。山上有各種植物2,000餘種，是一處天然的植物園。北麓有著名的「富士五湖」，南麓是一片遼闊的高原地帶，有白系瀑布和音止瀑布。山體周圍有劍峰、白山嶽、久須志嶽、伊豆嶽、成就嶽、駒嶽、三嶽等「富士八峰」。

富士山形體對稱均勻，白雪皚皚的山頂終年積雪，陽光下，像一頂閃閃發光的雪冠，雪冠形狀為上小下大，又像一把張開倒置的玉扇，所以又有了「白扇倒懸東海天」的美麗詩句。這白與藍的色調被稱為「青空一朵玉芙蓉」，被視為世上少有的奇觀。在富士山周圍100多公里內，人們就可以遠遠看到那終年白雪皚皚的圓錐形輪廓，昂然聳立於天地之間。在日本，人們認為「登上富士山頂是英雄」，和所謂的「不到長城非好漢」遙相呼應。多少年來，富士山的神奇魅力像巨大的磁鐵，每年都吸引數百萬人前來攀登。如今，每年的7月～8月是日本的登山節，很多人以登上富士山為榮。

日本富士山海拔3,776公尺，是日本第一高峰，也是世界著名火山。富士山體呈錐形，終年積雪，景色迷人。

日本平安神宮是祭祀桓武天皇及孝明天皇的神宮。仿平安時代皇宮正廳朝堂院而建，為明治時代庭園建築代表。

歷史文化

一部日本史貫穿著兩個主題：改革與擴張。從大化革新到明治維新，每一次改革都極大地推動了日本社會的發展，改革的浪潮不僅淹沒了武士們用武士刀經營的幕府時代，也帶來了資產階級對資本的無限渴求。於是，窮兵黷武、侵略擴張便成為一種新的選擇。一個堅忍的民族，其文化一定很精緻；一個好學的民族，其文化一定很絢爛。大和民族文化本身獨具的品質足以吸引全世界的目光，更何況它與擁有五千年文明史的中華民族一衣帶水。

幕府時代

在12世紀，日本形成了稱霸關西的平氏和稱霸關東的源氏兩大勢力集團。1167年，平氏集團首領平清盛任太政大臣，從此武士開始掌握實權。源氏和平氏兩大集團在1180年與1185年爆發兩次戰亂。此後，各武士集團之間爭鬥不斷，先後出現了室町幕府和江戶幕府（又稱德川幕府）統治的時代。其間日本爆發多次大規模的農民起義，並多次對外征戰，使得這一時期的日本政治混亂，內憂外患頻發。

明治維新

明治維新是日本在19世紀進行的一次政治革命，它推翻了德川幕府的統治，在政治、經濟和社會等方面實行大改革，促進了日本的現代化和西方化。明治維新的主要領導人是一些青年武士，他們以「富國強兵」為口號，企圖建立一個能同西方並駕齊驅的國家。1871年廢藩置縣，摧毀了所有的封建政權。同年成立新的常備軍。1873年實行全國義務兵制和改革農業稅。另外還統一了貨幣。明治政府在1885年實行內閣制，翌年開始制憲，1889年正式頒布憲法，1890年召開第一屆國會。在政治改革的同時，也進行經濟和社會改革。明治政府的主要目標是實現工業化。軍事工業以及交通運輸都得到很大發展。1872年建成第一條鐵路，1882年成立新式銀行。到20世紀初，明治維新的目標基本上已經完成，日本成為了亞洲強國。

日本岐阜縣的燈籠聞名全國，夏季常掛在陽台上，其散發的柔和光線，令人感覺很舒適。

迅速崛起的世界強國

二次世界大戰，日本戰敗投降，法西斯軍國主義澈底失敗。20世紀60年代，日本政府制定了《農業基本法》，通過法律使大批農民

相撲是日本的國粹運動。比賽時，相撲力士身著極為簡單的裝束，在身著古典和服的裁判員的主持下，展開力量、勇氣和智慧的較量。

湧入城市，以補足工業發展對勞動力的需求，使得日本經濟實現了長期持續高速增長。1968年日本國民生產總值大幅度提高，成為資本主義世界僅次於美國的第二經濟大國。

宗教信仰

在日本，佛教和神道教是並立的兩大宗教，為多數人所信奉。其次是基督新教和天主教，此外，戰後還湧現出了一批新的宗教。因此，日本可謂是宗教林立的多宗教國家。儘管日本宗教林立、信徒眾多，但對宗教虔誠篤信的信徒卻占少數。真正虔誠的宗教信徒平均不到人口總數的30%，也不到教徒總數的20%。這說明現代日本社會的宗教信仰已經趨於習俗化、禮儀化了。大多數人對原有的宗教制度、教義、教規等等，已經看得

不那麼重要了，而只是把宗教信仰作為一種習俗和文化傳統來對待。日本人的宗教信仰活動的內容主要表現為除凶驅邪、祈福免災。特別是在耶誕節、新年、盂蘭會以及婚喪嫁娶之時，宗教儀式和宗教活動更是不可缺少的。

相撲

日本有許多傳統的運動項目，其中相撲一直是保持著高度的人氣和經久不衰的項目，堪稱日本的「國技」。相撲最早出現於宗教活動，是民眾在神壇前舉行的慶祝活動，後來逐漸發展為一種傳統的競技項目。比賽時，相撲手在直徑為4.55公尺的圓形擂台上進行角逐，只要把對手逼出擂台，或使對手除腳以外身體的任何部位觸及地面，即為勝利。相撲在日本擁有其他運動無法比擬

的地位，即使在相撲已經完全成為民間運動的今天，天皇和皇太子仍經常親臨比賽會場觀賞。因此相撲選手自然受社會尊敬，享有崇高的社會地位，戰績輝煌者更成為國民崇拜的偶像。

櫻花是日本的國花。從日本南端的沖繩島到最北邊的北海道，到處都栽植著櫻樹。

花道

花道文化在日本十分盛行，它的精髓在於通過對一種技藝的學習，來達到修身養性的目的。在日本有花道、茶道、劍道、空手道、

書道、陶藝道等，其中花道與茶道是日本道文化的一種極致體現。花道最初由中國經韓國傳入日本，開始只在寺院流行。隨著淨土信仰的出現，這種習俗也傳入民間。花道，即把剪下的樹枝或花草，經過藝術加工後，插入花瓶等器皿中的方法和技藝，它是陶冶性情、培養審美情趣的一種傳統藝術。花道講究藝術造型，最完美的造型為三角形，表示圓滿如意。造型分為三面，各自代表天、地、人。色彩、形態和質感是花道三要素，只有通過花表現出這三要素，才可稱之為花道藝術。

日本茶道講究嚴謹的程序，茶室內設陶製的炭爐和茶釜，品飲的茶碗和用具均極其精潔講究，點茶、煮茶、沖茶、獻茶是茶道的重要組成部分。人們希望通過茶道，體味寧靜平和的人生境界。

和服是日本的傳統服裝，它是在唐代服裝的基礎上，經過1,000多年的演變而形成的。

和服

和服是日本的傳統服裝，它是在唐代服裝的基礎上，經過1,000多年的變化改造後，形成別具特色的民族服飾。日本和服種類繁多，男女和服差別明顯。男式和服色彩比較單調，偏重黑色，款式較少，腰帶較細，附屬品不多，穿著方便；女式和服則比較複雜，不僅色彩

繽紛豔麗，而且款式多樣，穿著起來也很麻煩。穿和服時，講究穿布襪、木屐或草鞋，還要根據和服的種類，梳理不同的髮型，對腰帶的結法也有不同的講究。日本人很注意保持民族服飾傳統，每逢節日或婚喪嫁娶，均根據不同的場合穿著樣式不同的和服。如今的日本人在日常生活中則以穿西裝為主。在工作之餘，年輕人更喜歡穿各種流行款式的時裝和便裝。

茶道

茶道，即品茶之道。它是一種具有悠久歷史的古典雅致的文化修養，也是日本人接待賓客的一種特殊禮儀。它不同於一般的喝茶、品茗，而是具有一整套嚴格的

程序和規則，包括點茶、沖茶或抹茶、獻茶、接茶、品茶、奉還以及茶具的選擇與欣賞，茶室的建築與室內的裝飾等，都有許多講究。通過品茶進行交談，可以陶冶性情和加深友誼。

東京的銀座和日本橋一帶是全市最繁華的商業區，豪華商廈鱗次櫛比。

🏢 主要城市

發達的經濟讓日本所有的城市都淹沒在繁華的商業之中，商業的繁榮帶給人們種種便利的生活，比如交通和購物。但是，作為一個歷史悠久的國家，文化的遺存總是讓人無法忽視……

首都東京

東京是日本的首都，位於日本列島中部、本州關東平原南端，東南瀕臨東京灣，面向太平洋。東京是世界上人口最多的城市之一，也是世界公認的現代化國際大都市。作為全國的政治中心，東京聚集著主宰國家政治命運的主要政府首腦機關，同時也是日本經濟、文化、交通的中心。除此之外，東京還是全國文化教育中心。昔日人們稱之為「江戶城」的皇宮和明治神宮威嚴聳立，十分壯觀。占地面積52萬平方公尺的東京上野動物園，是日本歷史最為悠久的動物園。位於東京港區芝公園裡的東京鐵塔高333公尺，比著名的艾菲爾鐵塔還高約13公尺，是世界上最高的鐵塔。

歷史悠久的商業中心大阪

大阪是日本的第二大工業城市，是東京之外的另一商業中心。它位於本州西南部，面臨大阪灣。大阪的商業在江戶時代已很發達，有「日本天下之窗」的美譽，是全國的商業中心。目前整個大阪的大小批發店和各類飲食店約有20多萬家，其中批發商店僅占大阪商店總數的17%，可年銷售額卻占總銷售額的89%。日本的住友金屬、日立造船、川崎重工業、松下電器等大企業都在大阪設有分廠。大阪也有許多名勝古蹟，具有400多年歷史的大阪城，是日本戰國時期大將軍豐臣秀吉築成的，高達8層，最高一層設有觀望台，可以遠眺整個大阪市的風景全貌。

1931年重建的天守閣，是仿照豐臣秀吉時代的天守閣建築而成，是一座鋼筋水泥建築物。

⬤ 經濟

作為一個資源匱乏的後起資本主義國家，經過一百多年的發展，日本經濟目前已經位居世界第二位，僅次於美國。其經濟發展的速度足以令世人驚嘆。這些成就都是依靠明治天皇的維新改革、以及全國人民力爭上游的信念而取得的。

日式住宅多為左右拉門，一般房間都比較小，有的居室只有三四張「榻榻米」。

汽車工業

日本是一個工業十分發達的國家，工業產值占工農業總產值的90%，其中汽車工業是日本的支柱產業和最大的出口產業。生產汽車的著名企業有豐田汽車、日產汽車、東洋工業、三菱汽車等，其中豐田汽車公司是日

日本有一種特有的工、商、貿結合的綜合性公司，叫綜合商社。它經辦的商品多達幾十萬種。

本最大的汽車製造廠。豐田汽車追求的目標是「高性能，馬力大」，力圖將最新的電子科技運用於汽車生產，努力擴大「車內空間」。由於技術上日新月異的進步，豐田公司的生產力水準大為提高，現在豐田公司每50秒就可以生產一輛豐田牌汽車，豐田汽車也以其優良的性能享譽世界。

電子工業

電子工業是日本出口主導型高科技產業之一，由民用電子機械、產業用電子機械、電子零部件三大部門組成。特別是在半導體和積體電路的研製開發、生產應用和市場銷售方面，日本一直處於世界領先地位，目前連美國的導彈、太空梭和核子動力潛艇，也離不開日本供應的高性能的半導體原

件。近年來日本電子工業已將注意力轉向開發新材料、新部件，推進電子工業的數位化、系統化和網路化進程的新領域。日本著名的電子生產企業有三菱電機公司、富士電機公司、三洋電機公司。

造船工業

造船工業是日本歷史悠久的產業部門。自從1956年日本的船舶下水量超過英國之後，日本的船舶生產一直居世界領先地位。兩次石油危機也給日本造船工業造成了相當大的影響。近年來日本造船業開始尋求新的發展模式，主要動向是「脫離造船，走向陸路」，逐漸由造船轉向陸上機械及其他行業，其中尤以重型機械為主。

北韓

DEMOCRATIC PEOPLE'S REPUBLIC OF KOREA

조선민주주의인민공화국

北韓位於亞洲東北部朝鮮半島北部。北韓北部與中國為鄰，東北與俄羅斯接壤。全境以高原和山地為主，平均海拔440公尺，山地約占國土面積的80%，僅西部和南部有少量平原。山脈多呈南北走向，白頭山為北韓境內的主要山脈，其主峰將軍峰海拔2,749公尺，為全境最高點。半島海岸線全長約1.73萬公里（包括島嶼海岸線），屬溫帶季風氣候，年平均氣溫8℃～12℃，年平均降水量1,000毫米～1,200毫米。

國家檔案

全名	朝鮮人民共和國
面積	12.28萬平方公里
首都	平壤
人口	2,529萬（2016年）
民族	主要為朝鮮族
語言	韓國語
貨幣	北韓圓
主要城市	平壤、開城、南浦、咸興、元山、新義州

首都平壤

作為首都，平壤是北韓的政治、經濟、文化中心。平壤市依山傍水，地勢起伏，氣象萬千，自古以來就以美麗富饒而著稱。平壤的西北角，層疊的群山宛如一幅清新的畫屏掛在天際；東側一帶，高低錯落的丘陵，綿延起伏；清澈的大同江水蜿蜒流過市區，兩岸處處呈現出美麗如畫的景色。平壤是北韓最古老的城市。918年，平壤成為高麗王朝的西京。到了李氏朝鮮時期，平壤仍作為大城市在國家的政治、經濟、文化生活等方面中占有重要的地位。悠久的歷史給平壤留下了許多古蹟。平壤是古都，但並沒有狹窄的街道和雜亂的小巷。韓戰期間，美軍的狂轟亂炸曾使平壤完全成了廢墟，但北韓人民以千里馬的速度，已經將平壤建設成了雄偉壯麗的現代化城市。寬闊的街道、廣場，規劃整齊的住宅、公共建築，以及具有民族風格的雕塑、壁畫，加上經濟的發展和文化的普及，使得今日的平壤，處處都充滿了現代化大都市的青春風貌。

豐富的水力資源

北韓是世界上河多湖多的國家。較大的江河有：大

同江，中、韓界河鴨綠江、圖們江等。其中最長、流域最廣的是鴨綠江。北韓還是世界上江河密度較大的國家之一，江河幾乎都發源於山地，流入海洋，有利於水力發電和水運交通。北韓還有較多的大小湖泊，這些湖泊有由火山活動和地殼運動形成的湖泊和海跡湖、河跡湖等天然湖，其中海跡湖居多。白頭山上中、韓界湖—天池、三池淵、長淵湖等是著名的湖泊。

著名的金剛山

金剛山位於朝鮮半島東部的太白山脈北部，金剛山主要由花崗岩構成，岩石在長久歲月裡，經過風化侵蝕，形成了奇形怪狀的山嶽地形。金剛山根據地域特點分為內金剛、外金剛和海金剛。地理學家認為，內金剛由萬瀑洞的溪谷為代表，其

柔美、秀麗的景色，可以比做女性美；而外金剛則由集仙峰為代表，盡顯峰巒山色之雄美，還有氣勢磅礡、飛奔而下的瀑布，可以比做男性陽剛之美；海金剛，則既有壯麗奇特的海濱景色，又有雅靜、優美的湖水景色。

多彩的民族遊戲

北韓的民族遊戲豐富多彩，鞦韆、跳板、摔跤，以及多樣的民間歌舞，都是淵源已久、盛行至今的民族遊戲。一般是把鞦韆繩拴在大樹枝上，有合適的地方則可以立起兩根長木杆，拴上鞦韆繩。現在只是在端午節或中秋節玩這種遊戲，參加遊戲的婦女們都穿戴一新，常常以一處樹花為目標，看誰先踢到或咬到為勝。跳板也是節慶時少女們普遍喜愛的遊戲。相傳跳板原是封建社會時，大家閨秀們在庭院

內玩的簡單遊戲。在禮教森嚴的封建社會，姑娘們不得出院門，她們嚮往院外的風景，便借助跳板騰空而起的瞬間，觀賞院外的風景和熱鬧的街市景象。

韓國泡菜在其飲食文化中扮演著一個重要角色，它無處不在，是人們不可或缺的食品。圖片中的罈子是醃製泡菜用的。

北韓的糧食作物主要是水稻和玉米。金燦燦的玉米常被農民掛在庭院裡的木樁上。

南韓 REPUBLIC OF KOREA

대한민국

南韓位於亞洲大陸東北部、朝鮮半島的南半部。南韓東瀕日本海並隔朝鮮海峽與日本相望，西面與中國山東省隔海相望。半島海岸線全長約1.7萬公里（包括島嶼海岸線），海岸線曲折，港灣眾多。地形多為丘陵和平原，地勢比半島北半部低。屬溫帶季風氣候。年平均降水量南部地區1,500毫米、中部地區1,300毫米左右。

國家檔案

全名	**大韓民國**
面積	9.96萬平方公里
首都	首爾
人口	5,125萬（2016年）
民族	朝鮮族
語言	韓國語
貨幣	韓元
主要城市	首爾、釜山、大邱、仁川、光州、大田

🌏 自然地理

　　朝鮮半島的完整是人力無法改變的，三八線雖然可以將原本統一的國度一分為二，但它並不能影響朝鮮半島上山脈的起伏綿延和河流的曲折貫通，三千里的錦繡江山依然美麗而富饒。南韓境內東部多山，西部及南部沿海有部分平原。南部濟州島上的漢拿山海拔1,950公尺，為全國最高峰。

規模小而眾多的平原

　　南韓的平原規模小，地表起伏較大。平原大多分布在西海岸和南部海岸大河的下游地帶。南韓有朝鮮半島的三大平原之一的湖南平原。

南韓大多山地為中山、低山或丘陵性山地，沒有2,000公尺以上的高山，最高的山峰是濟州島的漢拿山，海拔1,950公尺。

南韓一年四季中，夏、冬季節長，春、秋季節短。這是南韓秋天秀麗的鄉村景色。

此外，還有金浦平原、平澤平原、禮唐平原、內浦平原、全羅平原、晉州平原、金海平原、琴湖平原等。

濟州島

濟州島位於朝鮮半島的西南海上，是南韓最大的島嶼，以石頭多、風多、女人多而著名，號稱「三多之島」。該地屬於副熱帶氣候，與半島各地氣候大不相同。濟州島作為南韓著名的旅遊勝地，素有「東方夏威夷」之稱。島上的主要旅遊資源有漢拿山國立公園；咸德、梨湖、表善、中文等海水浴場；正房、天地淵等瀑布和洞穴等自然景觀；民謠、巫俗、祭壇三大民俗村以及多處古蹟、天然紀念物等。

南韓三面環海，氣候深受海洋影響，多雨季節，到處是大河小川。

Travel Smart

半島 | 海灣 | 港口 | 島嶼

1. 南韓主要半島有固城半島、麗水半島、高興半島、海南半島等。

2. 南韓主要海灣有光陽灣、順天灣、得糧灣、鎮海灣等。

3. 南韓主要港口有釜山、仁川和麗水。

4. 南韓近海島嶼有濟州島、巨濟島、莞島、南海島、閑山島。

農曆五月初五是南韓最重要的節日之一，這一天人們用菖蒲水洗身，相傳可以避邪、延年益壽。在一些地方人們還立起嚇走鬼魂的標誌。

🏛 歷史文化

地理上的相鄰，使得朝鮮半島上的歷史進程與中華有著密切的聯繫：古老民族的蹣跚與發展，漫長封建社會中的利益爭鬥與朝代更替，近代落後狀態下的殖民壓迫與抗爭，甚至獨立後的發展與統一，都表現得極其相似。朝鮮民族在發展過程中受到中華傳統文化的深遠影響，特別是對儒家文化的認同與堅守，深深的植根於民眾之中。

古老的民族

大約從60萬年至40萬年前開始，就有原始人類勞動、生息和繁衍在朝鮮半島的土地上。相傳在西元前1世紀中期，在朝鮮歷史上先後出現了奴隸制國家──古朝鮮和辰國。這一時期出現了繁榮的青銅器文化。朝鮮奴隸制國家古朝鮮和辰國滅亡以後，朝鮮半島先後出現了高句麗、百濟、新羅三個政權。進入7世紀中葉，三個政權矛盾激化，先是新羅趁機聯合唐朝，吞併了高句麗和百濟，後有新羅末期出現的高麗王朝征服新羅和後百濟。14世紀末，高麗大將李成桂發動政變，推翻高麗王朝，從而建立了最後一個封建王朝：李氏朝鮮。

壬辰衛國戰爭

李氏朝鮮建立以後，封建統治者施行了一系列重大改革措施，使朝鮮出現了一段經濟文化繁榮的局面。但到了李氏朝鮮中期，黨爭激烈，農民紛紛起義。於是已經完成日本統一的豐臣秀吉於1592年趁機出兵，圖謀占領朝鮮。戰爭初期，朝鮮軍隊節節敗退，朝鮮國王忙遣使向明朝求援。7月，朝鮮名將李舜臣率領龜船艦隊在南部沿海接連打敗日軍，控制了海上主動權。12月，明朝派大將李如松統帥4萬大軍援助。次年1月，朝、明軍隊收復平壤。1597年日軍再次大舉入侵朝鮮，朝、明軍隊二度聯手，澈底擊敗日軍，日軍被迫撤出朝鮮全境。1609年，朝、日簽訂《己酉條約》，壬辰衛國戰爭結束。

南韓服裝

南韓的傳統服裝「韓袍」已經流傳了數百年。它的樣式適合於南韓的氣候條件、傳統的起坐習慣及文化背景。女性的韓服是短上衣搭配優雅的長裙；男性的則是短褂搭配長褲，而以細帶縛住寬大的褲腳。上衣、長裙的顏色五彩繽紛，有的甚至繡有明豔華麗的錦繡。服裝的圖案簡潔，上下線條色彩協調，表現出秀雅、整潔的特色。南韓人喜歡穿白色的衣服，自古有「白衣民族」之稱。傳統的女式膠鞋叫「可辛」，形如小船，鞋尖突起，向腳背方向呈勾狀。與韓服配套的裝飾品，頭飾有髮帶、釵等；腰佩主要有綢帶、荷包和玉香盒等。此外，還有項鏈、耳環、戒指等。現在，大多數南韓國民只在春節、中秋節等節慶日，或舉行婚禮時，才穿傳統的韓服。

電影

南韓攝製的第一部影片於1919年公映。這部影片的片名為《正義的復仇》，是一部所謂的電影劇，旨在將舞台表演搬上銀幕。第一部故事片《月下盟誓》於1923年上映。1926年，極具魅力的導演兼演員羅雲奎創作的《阿里郎》，是以抗議日本壓迫為主題的影片，上映後在公眾中引起了熱烈反響。1953年韓戰結束後，南韓的電影業逐漸成長，生意興旺達10年之久。在後來的20年中，由於電視迅速興起，南韓的電影業便停滯不前。但自20世紀80年代初以來，由於一些有才幹的年輕導演拋棄了電影拍攝中的舊框框，南韓的電影業重新獲得了一些生機。

右 ┃ 農曆正月初一是南韓最隆重的傳統節日，這一天家家貼上門神，人們穿上節日民族服裝，然後舉行祭拜儀式。

下 ┃ 收藏大藏經經典的海印寺藏經板殿是1448年修建的，位於慶尚南道伽耶山南麓，為防止潮氣，採用了日本正倉院式的建築形式。

🏛 主要城市

20世紀60年代以前，南韓不多的幾個城市都充斥破敗與混亂，在此後的40多年中，現代化的城市在這片土地上如雨後春筍般蓬勃而起。現在的南韓經濟相當發達，有「亞洲四小龍」之稱。

首都首爾

首爾不僅是南韓的政治、經濟、文化和交通中心，同時也是朝鮮半島上最大的城市。進入20世紀70年代以來，首爾有計劃地進行了市區改建工作，進行了福利設施、觀光遊覽設施的修繕以及交通改造工作。首爾眾多的名勝古蹟、以及具有現代化特色的體育設施和公園，具有極大的魅力。首爾的名勝主要有三角山、冠嶽山、仁旺山、南山等，古蹟主要有景福宮、德壽宮、昌德宮、昌慶宮、東大門以及眾多的壇廟建築。

釜山

釜山位於朝鮮半島東南端的洛東江口，扼守朝鮮海峽要衝，是朝鮮半島的南部門戶。現在，釜山是南韓中央直轄市，也是南韓最大的國際港口、南韓第一貿易港和第二工商城市，第十二屆亞運會曾在釜山成功舉辦。釜山的經濟以工商業和水產業為主。作為南韓的遠洋漁業基地，釜山市的工業品和水產品的出口在南韓出口貿易中占有主要地位。釜山的名勝古蹟主要有東萊焚魚寺、太宗台和金剛公園等。

慶州

慶州自西元前57年～935年一直是新羅王朝的首都。這座古城的周圍散布著王室的陵墓、古廟遺址，以及城保的殘垣斷壁。韓國時期佛教遺產中許多獨具特色的雕刻藝術品，還可在遊人足跡稀少的地方見到。到慶州遊覽一番，可以使遊客對這座歷史古城、以及大約1,000年前的新羅時代有所瞭解。

林立的化工廠房成為南韓城市景觀的一部分。

亞洲 寮國  *LAOS*

ສາທາລະນະລັດ ປະຊາທິປະໄຕ ປະຊາຊົນລາວ

寮國是東南亞唯一內陸國，同時也是一個多山的國家，80%的國土為山地和高原。寮國地勢高峻，山嶺重疊，素有「印度支那屋脊」之稱。東部為南北綿延的山脈，山脈平緩的西坡構成一系列的高原。西部是同緬甸、泰國接壤地區的湄公河谷地，有一些平原和山間盆地分布其間，這裡人口較稠密，是農業較富庶之處。

國家檔案

全名	寮人民民主共和國
面積	23.68萬平方公里
首都	永珍
人口	675.8萬（2016年）
民族	有60多個部族，統劃成三大民族，即老龍族、老聽族、老松族
語言	通用寮國語
貨幣	基普
主要城市	永珍

月亮城永珍

永珍是寮國首都，屬歷史文化名城和佛教聖地。14世紀以來，這裡就是寮國的經濟和文化中心。永珍位於永珍平原南部，湄公河的左岸，隔水與泰國相望。市區沿湄公河延伸，呈新月形狀，因此有「月亮城」的美譽。城市人口70萬左右。永珍是全國最大的工商業中心，傳統手工業也十分發達，尤其是絲綢、花布、金銀首飾加工和手工藝品編織最為突出。作為寮國佛教中心，這裡保留有許多美麗的佛教古寺廟，其中搭鑾是最著名的佛教聖地。

以農業為主的經濟

寮國主要是一個農業國，經濟以農業為主，工業基礎薄弱，發展緩慢。農業人口占全國人口的90%，農業產值占國民生產總值的60%～70%。主要的農作物是水稻，種植面積占耕地面積的80%，多分布在永珍、甘蒙和沙灣拿吉等省。咖啡和煙草是僅次於稻米的兩項重要出口農產品。畜牧業較發達，飼養黃牛、水牛、羊等。工業主要為加工工業，有碾米、鋸木、火柴、捲煙、製鞋和發電等小型工廠，手工業生產較普遍。

柬埔寨

CAMBODIA
ព្រះរាជាណាចក្រកម្ពុជា

柬埔寨位於中南半島南部，湄公河下游，東部和東南部與越南接壤，北面和寮國毗鄰，西北面與泰國相鄰，西南瀕臨泰國灣。國土的90%是平原，北、東北和西南面為山地圍繞，地形三面高，中間低。北部邊境為扁擔山脈，呈東西走向，山崖陡峭，窄長如同扁擔形狀，長300餘公里，是和泰國天然的國界。西南面是豆蔻山和象山，豆蔻山主峰奧拉峰海拔1,813公尺，為全國最高峰；東部為傾斜平緩的高原，由玄武岩構成，經風化後形成肥沃的紅土，適宜栽種橡膠和耐旱作物；中部是一片廣闊的平原，平原中心地勢低窪，有洞里薩湖。湄公河流經柬埔寨中部地區，長507公里。

國家檔案

全名	柬埔寨王國
面積	18.10萬平方公里
首都	金邊
人口	1,590萬（2016年）
民族	高棉族占全國人口的80%，其他主要有占族、普儂族、佬族、泰族、斯丁族等20多個
語言	民族高棉語為通用語言，與英語、法語同為官方語言
貨幣	里耳
主要城市	金邊

吳哥窟是世界七大奇蹟之一，是吳哥建築群的精華，同時也是吳哥乃至柬埔寨的代名詞。

首都金邊有迷人的副熱帶風光。椰林、芭蕉和四處攀爬的藤蔓四季常綠，金碧輝煌的寺廟和王宮與綠色交相輝映，如同給整座城市鑲嵌了一道「金邊」。

洞里薩湖

洞里薩湖又叫金邊湖，是中南半島第一大湖泊，也是東南亞地區最大的淡水湖。洞里薩湖位於柬埔寨中部平原的中心，它通過柬埔寨第二大河洞里薩河與湄公河溝通起來。湖的面積和深度隨著旱季雨季的交替會發生很大的變化。在旱季，湄公河與洞里薩河進入枯水期，湖水回流進洞里薩河以及湄公河，湖面大為縮小，水深下降到兩公尺左右；等到雨季來臨，湄公河進入漲水期，河水湧入洞里薩湖，湖面急劇擴大到1萬平方公里，水深達到10公尺。這樣洞里薩湖便成為天然的調節水庫，為農業生產和人民生活帶來許多便利，同時也大大減輕了湄公河下游的洪水威脅。特別是在旱季，洞里薩湖使湄公河能保持較高的水位，供航運和農業灌溉之用。洞里薩湖分為3個區域，大湖、小湖和沼澤區，沼澤區分布有許多小島，是極好的遊覽去處。

吳哥古蹟

吳哥古蹟位於柬埔寨暹粒省金邊湖北面，距首都金邊240公里。吳哥古蹟與埃及的金字塔、中國的萬里長城和印尼的婆羅浮屠，並稱為「東方四大奇蹟」。它在面積約155平方公里的原始森林中，分散有各種建築遺跡600多處，主要包括吳哥窟、吳哥城和附近一些廟宇。這是一組巨大的石建築群，主要由大量宏偉的石塔、石屋和許多精美玲瓏的石刻浮雕組成。全部結構幾乎都用很大的石塊堆砌而成。吳哥古蹟的每一座建築、每一塊石頭都是經過精雕細刻的，每一個浮雕都顯得想像力格外豐富、驚人，簡直到了讓人難以置信的地步。

建於12世紀～13世紀的吳哥窟幾乎全部用砂岩石重疊砌成，總面積大約為60平方公里。吳哥窟的全貌，像一座方形石城，城池內還有一座方形石城，層層迴廊組成層層相套的正方形。寺內有三層台基，第二層台基

吳哥城的城牆上，一尊尊四面濕婆凝視著四方，對任何可能對吳哥城構成威脅的人保持著警惕。

四角各有一尖塔，第三層台基中央矗立一尖塔，高達42公尺。五塔排列和諧，結構緊湊，狀若芙蓉，氣象甚是宏偉。如果按照婆羅門教的習俗坐西朝東的話，吳哥窟就會背對五城大道，面臨暹粒河那滾滾不息的河水。這樣，就沒有舉行各種盛大典禮的開闊廣場。於是，出於舉行盛大宗教活動的目的，吳哥窟就成了吳哥古蹟建築群中唯一一座坐東朝西的建築。

吳哥窟的另一個特徵是龍的浮雕迴廊。驛塔的三層台基，每層都有迴廊環繞。最低一層的迴廊壁大約高2公尺。吳哥窟的偉大寶藏之一便是長達800公尺的浮雕迴廊，題材大都取自印度史詩《羅摩衍那》和《摩訶婆羅多》中的神話故事，也有一部分是反映當時高棉人戰爭場面的情景，以及表現人民生活的生動場面。雕刻技法的嫻熟、構思的精巧、含義的深遠，令人讚嘆不已。吳哥古蹟不僅顯示了古代高棉國王的財富和權勢，而且反映出其國民精湛的技術和藝術才能。可惜的是，吳哥古蹟歷盡滄桑，瀕於滅絕，已部分倒塌，而今已經領略不到當年的風采了。

📖 Travel Smart

運輸｜牲畜｜寄生蘭

1. 柬埔寨全國只有兩條鐵路：金邊—波貝，可通曼谷；金邊—西哈努克市，是交通運輸的大動脈。但鐵路年久失修，運輸能力很低。

2. 柬埔寨是東南亞人均占有牲畜最多的國家，牲畜以牛為主，其次是豬。

3. 柬埔寨生長有一種100多萬年前遺留下的樹種，這種樹的樹幹寄生著一種像吊蘭一樣的植物，開花時非常好看，人們稱之為「寄生蘭」。

柬埔寨以佛教為國教，宗教節日隆重而多彩，孩子們的舞蹈給節日增添了另一番色彩。

棚，其中一個是新郎棚，新郎一到就住進去。在新郎棚兩側再蓋起一個迎賓棚和一個炊事棚。第二天為「正日」，舉行纏線儀式，新娘、新郎席地盤坐，雙手合十。雙方親人將線纏在新婚夫婦的手腕上，表示新婚夫婦兩家之間血緣關係緊緊相連。第三天為「拜堂日」，之後婚禮才告結束。

洞里薩明珠：金邊

金邊位於洞里薩河與湄公河的交匯處，是全國最大的城市和政治、經濟、交通、工商業中心。東邊是老城區，西邊是新城區，終年青翠，風光明媚，景色宜人。金邊是一座文化古城，市內名勝古蹟眾多，而且集中在老城區，有王城宮殿、佛教寺院和尖塔、西歐城、唐人街、塔山公園等著名景點。金邊還設有國家圖書館和博物館。博物館陳列著高棉歷代的珍貴古物和雕像。此外，金邊還建有數量相當多的電影院和大型醫院。金邊作為國家的經濟中心，全國最重要的工商企業幾乎都集中在這裡，主要工業有船舶、汽車修理、碾米、紡織、製糖、釀酒等。金邊同時為重要的交通樞紐，有兩條鐵路和七條公路聯繫全國，西南郊有東南亞最大的國際機場之一：波成東國際機場。

世界上最大的地雷場

越南戰爭期間，柬埔寨曾一直試圖保持中立，但最終還是遭到美軍轟炸而被捲入戰爭。20世紀70年代初，柬埔寨又爆發了激烈的內戰。戰爭期間埋設的300多萬枚地雷遍布全國各地，儘管有專職掃雷人員在積極排雷，但仍有許多人不慎踩上地雷，因而有「世界上最大地雷場」之稱。據統計，至今已有20萬人因此喪生或致殘。

纏線拜堂的結婚儀式

柬埔寨人的婚禮都在女方家進行，一般要舉行3天。第一天是「入棚日」，由新娘家為迎親的人蓋起3個

吳哥城內的廟宇、寶塔、皇宮等建築鱗次櫛比，雄偉莊嚴。

傳統的農業國

柬埔寨是一個傳統的農業國，長期的殖民統治和戰爭破壞使其經濟十分落後。農業是柬埔寨國民經濟的主要支柱。農業人口約占總人口的85%，占勞動總人口的77%。可耕地面積680萬公頃，其中可灌溉面積占耕地面積的16%。柬埔寨地處熱帶，農業生產具有非常優越的條件，農作物終年可以生長。主要農產品有稻穀、玉米、穀類、薯類等。稻穀是柬埔寨最主要的農作物，其種植面積達480萬公頃。柬埔寨高原上分布著大面積風化的火山熔岩，它們形成肥沃的紅土，為橡膠生長提供了良好的條件，因而橡膠成為柬埔寨的主要經濟作物。

旅遊業

柬埔寨的國土美麗而富饒，神奇的吳哥古蹟令人嚮往，綿延的豆蔻山脈和扁擔山脈令人流連忘返，絢麗多彩、千姿百態的熱帶原始森林令人眼花繚亂，目不暇接。2000年，政府大力推行「開放天空」政策，支持、鼓勵外國航空公司直飛金邊和吳哥遊覽區。目前，政府加大對旅遊業的資金投入，加緊修復古蹟，開發新景點，改善旅遊環境。客源主要來自美國、中國、法國、台灣和日本。

右圖 | 身著傳統服飾的柬埔寨少女在虔誠地跪拜。現代的柬埔寨人很少穿這樣的傳統服飾了，但仍保留男人紋身、女人戴首飾，男女都塗香料的習俗。

越南

VIETNAM

Cộng hòa xã hội chủ nghĩa Việt Nam

越南位於中南半島東部，北與中國雲南、廣西接壤，西南緊靠泰國灣，扼太平洋與印度洋海上交通要道，地理位置十分重要。越南東面和南面臨南海，海岸線長3,260多公里。越南地處北迴歸線以南，屬熱帶季風氣候，高溫多雨。

國家檔案

越南社會主義共和國

面積	32.96萬平方公里
首都	河內
人口	9,270萬（2016年）
民族	共54個民族，京族占總人口近90%，岱依族、傣族、芒族、儂族人口均超過50萬
語言	越南語
貨幣	越南盾
主要城市	河內、胡志明市

🌏 自然地理

越南領土南北狹長，兩頭寬，中間窄，人們常用「一條扁擔挑兩隻米簍」來形容越南。「一條扁擔」指的是縱貫南北的長山山脈，「兩隻米簍」指北部的紅河三角洲和南部的湄公河三角洲。越南共有大小河流1,000多條，它們多發源於高原。上游水流湍急，穿越山地丘陵；中游彙集支流浩浩蕩蕩入海；下游是廣闊的沖積平原，造就了物阜民豐的「魚米之鄉」。

長山山脈

長山山脈自藍江南下，綿延於越南、寮國、柬埔寨邊境，長1,000多公里，構成越南地形的骨架。從藍江到武嘉河段的長山山脈東

越南的平原多為沖積平原，而且多是一些河流下游和沿海地帶的狹窄平原，這些平原是越南主要農作物的產區。

坡，地勢陡峻，緊逼海岸，是全國最窄的部分；西坡地勢平緩，逐漸向湄公河階地傾斜。長山山脈從武嘉河往南向東延伸，折向南後向西南展開，山勢再度升高。山脈與高原相互穿插，頂部平坦，形成西部高原，或稱西原地區，這裡土壤肥沃，氣候溫暖，雨量充沛，適宜種植熱帶經濟作物。

湄公河及湄公河三角洲

湄公河的上源為中國的瀾滄江，湄公河長2,668公里，越南境內長250公里。湄公河兩大支流前江和後江，水量大而穩定，便於灌溉和航運。湄公河三角洲是越南的第一大平原，面積約4萬平方公里，是由湄公河下游及其9條支流流入南海時形成的沖積平原。平均海拔不到2公尺，洲上多河流、沼澤。越南南方60%～70%的農業人口集中於此，這裡是越南稻米生產的主要基地，也是東南亞著名的稻米產區之一。

紅河及紅河三角洲

紅河發源於中國，稱元江，呈西北—東南流向，全長1,280公里，在越南境內長508公里，流域面積75,700平方公里，為越南北部最大的河流。因河流大部分流經熱帶紅土區，水呈紅色而得

名。主要支流有黑水河和明江。紅河三角洲是越南北部第一大平原，面積約為1.5萬平方公里，海拔3公尺左右，地勢平坦，河渠如網，土地肥沃，約占越南北部耕地面積的57%，是越南的主要稻米產區。

豐厚的森林資源

越南的森林資源豐富，除有熱帶原始森林外，還有大量的副熱帶和溫帶森林。森林面積約1,000萬公頃，占全國土地面積的30%左右。森林植物267科，1,850屬，7,000種，貴重木材有鐵杉、玉桂木、花梨木、柚木、樟木等。越南的格木產量很多，為中南半島四大名木之一，木質堅硬耐用，花紋非常美麗，馳名國際市

場。越南的林副產品也較豐富，有藤類、竹類、沙仁、八角茴香、肉桂以及藥用植物、桐油、松香、樹脂、染料與單寧等。在熱帶森林中還有上千種飛禽，300多種野獸。

Travel Smart

鴻基煤田｜鉻鐵礦 磷礦｜天然氣

1. 越南著名的鴻基煤田是東南亞最大的煤田之一。

2. 越南清化的鉻鐵礦占世界總儲量的1/5。

3. 越南老街的磷礦居亞洲之首。

4. 越南北方太平省的天然氣資源豐富，居國內之首。

紅河也稱滔江，是流貫越南北部最大的河流。圖為紅河上捕魚的船隻。

🏛 歷史文化

長期以來，越南深受中華文明的薰陶，處於儒家文化圈影響範疇。因此在人文風俗方面和中華有著千絲萬縷的聯繫，但又有其獨特之處，可謂同工中又有異曲。

兵連禍結的滄桑史

越南10世紀始建立封建國家。1858年法國勢力侵入。1874年越南王室和法國簽訂和約，把南部割讓給法國。第二次世界大戰中越南又被日本侵占，1945年8月革命取得勝利，9月2日宣布獨立，成立越南民主共和國。1945年9月法國重新入侵越南，越南人民進行了英勇的抗法戰爭。1954年5月越南取得奠邊府戰役的勝利，7月20日法國被迫簽訂日內瓦協定，越南北方（北緯17°以北）獲得解放，南方仍由法國（後成立由美國扶植的南越政權）統治。越南南方人民又進行了抗美救國戰爭。1960年越南南方民族解放陣線成立。1973年1月越美在巴黎簽訂關於在越南結束戰爭、恢復和平的協定，同年3月美軍撤出越南南方。1975年4月30日越南南方全部解放。1976年7月北方和南方統一，定國名為越南社會主義共和國。

越南國服

越南古時作為中國郡縣達千年以上，深受中華文化的影響，因此在民俗上跟中華差不多。比如服飾，最為典型的就是婦女們穿的國服：上身束腰，突出身段，使女子顯得婀娜多姿；下襬舒展，開衩至腰際，活動起來十分方便。特別講究的是

越南京族人的村莊大多建有一所祠堂，祠堂裡敬奉著神像和各姓氏的祖先的牌位，這是一處祠堂上極具中華色彩的大門圖案。

她們穿長袍時，還要配上一條黑色或白色的寬腿拖地長褲。越南婦女一般會在重大喜慶的日子裡穿上國服，她們還喜歡戴項鏈、手鐲，留披肩長髮。

搶婚習俗

在越南，有幾個民族還保留著搶婚的習俗，以苗族最為普遍。當某一個男子看上某一個姑娘後，就準備財物，一切就緒，即去搶親。成功後，就殺豬設宴，慶祝搶親成功。第二天通知新娘家裡，第三天託媒人前往說親。如果女方被搶後不喜歡這位男子，就得設法逃跑。女方逃跑成功後，男子就得向女方賠禮，送上一些酒、一隻雞和錢財等，另外還得向女方的村寨加倍贈送食物和現金。

順化皇城是越南現存最大、最完整的古代建築群，基本仿造北京紫禁城式樣建造，整個宮殿宏偉壯觀。

牙黑為美

在越南有些地方，人們至今還保留一種染齒的習俗。不論在城市的大街小巷，還是在風景秀麗的鄉村，都可以看到一些越南婦女把牙齒染得烏黑發亮。這種染齒習慣是越南古代的遺風。按照古代越南人的習俗，誰要保持白色牙齒，誰就要受到天下人恥笑和社會輿論的譴責。越南民歌中甚至有歌詞對「保持牙齒潔白」含有鄙視的意味。而黑齒則是少女貌美的重要標誌之一，故有「黑齒桃顏」的說法。不管姑娘長得多麼漂亮，牙齒不烏黑發亮，其姿色便要降低幾分。越南人染齒使用一種含有濃烈辣味的物質，染齒後常導致嘴唇和舌頭發腫、疼痛。為了使藥物發揮效力，在染齒期間還要忌嚼硬食，半月內忌食米飯。

七月節

越南拉志族一年一度的七月節十分隆重，很有代表性。七月節從農曆七月初一開始，歷時13天。初一每戶派一名男子攜帶酒肉到「波米如」（老父母）家，由波米如主持「迎祖」儀式。以後再按波米如指定的日期，每戶輪流舉行「迎祖嘗新」儀式，即向祖先祭獻供品。節日期間嚴禁用非本民族的語言交談。7月13日，人們在波米如家舉行隆重的「送祖」儀式，節日達到高潮。

上 ｜ 越南人民心靈手巧，能製作各種各樣的手工藝製品，尤其是他們色彩繽紛的風鈴，很受遊客喜愛。

下 ｜ 越南是以佛教為主的多宗教國家。2世紀，佛教分別從中國和印度傳入越南，並逐漸取代各種原始宗教，成為越南的主要宗教。圖為佛教徒在寬大的廟宇內進行參拜活動。

主要城市

越南大規模的城市較少，較大的城市大多都是建國後建設起來的，這些城市都很美麗，許多帶有文化特色的城市像一顆顆明珠，鑲嵌在漫長的海岸線上，散落於秀麗的山水間，具有獨特的神韻與風采。

萬花春城河內

河內是越南的首都，位於越南民族發源地紅河平原中部，是越南第二大城市，為越南南北方的交通樞紐，同時它還是越南主要的旅遊城市。河內，這個有千年歷史的古城就像個花木蔥蘢的大花園。在城市建築物周圍，街道兩旁生長著高大的鐵樹、椰子樹、棕櫚樹，街心花園千姿百態的鮮花，四季不斷，繁華的市區內點綴著西湖、還劍湖、七畝湖、列寧公園、百草公園等眾多的景點。

璀璨明珠胡志明市

胡志明市位於越南湄公河三角洲的東北，是越南最大的港口、經濟中心。胡志明市昔日稱「西貢」，1976年改名為「胡志明市」。該市是一個優良的商業吞吐港，這裡的入海口處叫頭頓市，海輪可以順利出入。胡志明港左岸有5個碼頭，右岸有11個碼頭，港口設備良好，五六十艘巨輪可以同時在此停泊並能自由進入。從這裡啟航的遠洋輪船可以到達世界各大港口，因此胡志明市成為越南南方運輸中心。

古都順化

順化位於越南中部，跨香江兩岸，西靠長山山脈，東距南海8公里。順化市分外城和內城兩部分，外城有不少紅磚綠瓦的古建築群落，有古廟、安南王陵墓和其他許多古蹟名勝；內城面積是外城面積的1/6，為古代封建帝王的起居之所，稱「順化故宮」，是越南最有歷史價值的文化遺產。此外，市內名勝還有御屏山、天姥寺、錢場橋等。

> **右** ｜ 胡志明市是越南5個中央直轄市之一。市區有11個郡，郊區有7個縣。
> **下** ｜ 峴港是越南中部最大海港城市，港闊水深，是越南三大天然良港之一。

越南農業人口占其總人口的80%以上，很多農民居住在茅草屋中過著簡樸的鄉野生活。

🏛 經濟

越南屬於經濟不發達國家之一，經濟以農業為主。因長期戰爭和國內政治動盪，經濟一直徘徊不前。近年來採取了一系列發展經濟的舉措，國民經濟漸有起色，特別是越南經濟水準的躍升速度令人刮目相看。

農業

越南是一個農業國，農業產值占國內生產總值的40%，全國有可耕地面積525萬公頃。人民主要從事糧食和經濟作物的生產。糧食作物以水稻為主，雜糧主要有玉米、番薯、木薯（樹薯）。水稻和玉米的種植占耕地面積的86%，產量約占糧食總產量的84%。政府很重視提高農業生產效率，並取得了初步成效，但是缺乏農業生產設施和肥料，阻礙了進一步的增長。水稻仍是主要農作物，但越南越來越依賴經濟作物如茶、咖啡和橡膠來進一步發展經濟。

漁業

越南有3,200多公里的海岸線，內地河湖眾多，漁業和水產養殖業比較突出。全國有漁場30多個，其中以藩切和湄公河附近的漁場、以及富貴島周圍的漁場最多。越南漁業以捕撈海魚為主，國營捕魚企業大部分由地方管理。沿海的吉婆、吉海等島嶼，是越南的海產加工中心。在沿海各省建有海產冷凍加工廠。

越南海岸線曲折漫長，多天然良港，這是碼頭上停泊待發的船隻。

旅遊業

越南旅遊業自20世紀90年代初才起步。主要客源國為中國、美國、日本、法國、澳洲、南韓和新加坡。主要旅遊景點有位於河內的還劍湖、胡志明陵墓、文廟、巴亭廣場，位於胡志明市的統一宮、蓮潭公園、古芝地道，位於廣寧省的下龍灣及順化市、會安市、芽莊市等地的景點。

中山洞是下龍灣最著名的山洞，洞內鐘乳石錯落有致，形成奇景。

📖 Travel Smart

下龍灣

下龍灣位於越南東北部，距離河內165公里，1994年被列入《世界遺產名錄》。關於下龍灣有一個傳說：有一次，越南遭外敵侵入，蒼天遣神龍下凡幫助越南退敵。敵船從海上猛烈向海邊進攻，龍口馬上噴出無數龍珠打擊侵略者，龍珠落入海裡瞬間變成無數島嶼，成為越南人的陣地，阻止敵軍進攻，給越南人創造了勝利的條件。

緬甸  *MYANMAR*

ပြည်ထောင်စု သမ္မတ မြန်မာနိုင်ငံတော်

緬甸位於中南半島西北部，西臨孟加拉灣，南瀕安達曼海，海岸線長3,200公里，東北與中國毗鄰，西北與印度、孟加拉相接，東南與寮國、泰國交界，是中南半島面積最大的國家。陸地邊界長達6,000公里。地勢北高南低，南北長，東西窄，以山地、高原和丘陵為主，大河的中、下游均為平原，山川呈南北走向。伊洛瓦底江平原處於西部山地和高原之間，是國內人口最稠密、經濟最發達的地區。

國家檔案

全名	**緬甸聯邦**
面積	67.66萬平方公里
首都	奈比多
人口	5,632萬（2016年）
民族	共有135個民族，主要有緬族、克倫族、撣族等少數民族
語言	通用緬甸語、英語
貨幣	緬幣
主要城市	仰光、曼德勒

最大的城市仰光

2005年11月以前，仰光是緬甸首都，它位於伊洛瓦底江三角洲西部，仰光河左岸，腹地寬廣，是全國的政治、經濟、文化中心和交通樞紐，也是緬甸第一大城市。城市三面臨水，仰光河從勃固流經仰光的西面和南面。城東是仰光河的支流形成的勃生堂河，人口500萬。仰光已有100多年的歷史。這裡曾經是一座漁村，古稱「大光」，梵文意為「三崗村」。1775年緬甸王雍籍牙將「大光」改為「仰光」，意為「和平之城」，1852年成為緬甸的首都。這座城市有眾多的寶塔和絕妙的建築。仰光還是著名的港口城市，內河航運發達，港闊水深，可吞吐萬噸巨輪。陸地交通四通八達，鐵路公路幹線在此交織。北郊機場是聯繫國內外的重要航空港。

第二大城市曼德勒

曼德勒位於仰光以北沿伊洛瓦底江上游西岸的平原上，人口110多萬。曼德勒

緬甸古都和佛教文化遺址蒲甘，雲集了各個歷史時期建造的佛塔和佛寺，有「萬塔之城」的美稱。

是緬甸第二大城市。1861年，明登國王把其政府的15萬人從附近的阿瑪拉普遷來，並把此作為首都。1885年提鮑王把城池讓給英軍，曼德勒被改名為都弗林要塞。1945年的一場戰爭使金色之城成為一片灰燼。現在是後建的城市，但還能看到歷史的遺跡。這裡有著名的曼德勒皇宮、瑪哈牟尼寶塔、克脫伐依寶塔等建築。

緬甸瑪哈牟尼寶塔內的瑪哈牟尼佛像，高4公尺，裹著一層幾公分厚的金粉。佛像散發著金色的光芒，普照眾生萬物。

潑水節

潑水節是緬甸人民的傳統節日。潑水節一般在西曆4月中旬舉行，通常歷時3到4天。按照緬甸風俗，節日期間，不分男女老少，可以互相潑水，表示洗舊迎新之意。最優雅的潑法是用櫻桃花枝，從銀缽中蘸取浸有玫瑰花瓣的清水，輕輕地向別人身上抖灑。一般人們喜歡整桶整盆地潑，甚至用水管噴澆，只有如此才能盡興。小孩則用水槍向大人噴射。人們被潑得越多越高興，因為水象徵著幸福，蘊涵著洗舊除汙，迎新納福的喜慶意味。此外，節日裡還有許多有趣的活動，最精彩的是花車遊行。中國雲南省的傣族和緬甸東北部的撣族，都有潑水的傳統。關於緬甸潑水節的來歷傳說說法不一。有一種說法是：有一年，緬王在宮中遇到神仙下凡，緬王龍心大悅，命人用香料和清水混合，潑灑在文武百官的身上，表示洗舊除汙，迎新接福。

仰光大金寺

大金寺是緬甸著名佛塔，坐落在仰光茵雅湖畔丁固達拉山崗。始建於西元前的仰光大金寺已有2,500多年的歷史，是緬甸最古老的佛塔。相傳，緬甸商人科加達普陀兄弟從印度帶回釋迦牟尼的8根佛髮獻給緬王，緬王下令在這古代漁村建塔珍藏佛髮。初建時，佛塔只有約20公尺高，後經兩千餘年間的修繕、擴建，方成今日規模。主塔高100餘公尺，四周環牆，東西南北四方均有入口。南門為主要入口，

現備有電梯供遊人觀光。70餘級大理石階梯，可達主塔台基。台基四角各有一座小型石塔，中間為主塔。主塔以純金箔貼面，頂端鑲有5,000多顆鑽石和2,000多顆寶石。塔尖懸掛風鈴，風吹鈴響，悠揚悦耳，播撒四方。塔院內還掛有兩口大鐘，據傳說，敲鐘三下，可心想事成。緬甸人把大金寺

緬甸金寶塔，雖經歲月風雨侵蝕，佛塔依舊金光燦燦。

奉為佛教的聖地，視為民族的驕傲。仰光大金寺與印尼的婆羅浮屠塔、柬埔寨的吳哥窟齊名，成為聞名於世的東方勝蹟之一。

伊洛瓦底江

伊洛瓦底江，人們將它譽為「天惠之河」，發源於青藏高原，全長2,150公里，

上 ｜ 在緬甸，家務一般都是由妻子操持，圖中婦女頭頂著重籃子，只用一手扶持著走路，籃子卻不搖晃。

下 ｜ 緬甸的漁業資源十分豐富，僅在伊洛瓦底江三角洲和德林達依沿海一帶就有漁民約14萬人。

是緬甸第一大河，流域面積占緬甸國土的六成，可以說是緬甸的母親河。伊江水流充沛，江面寬闊，所以航運條件得天獨厚，內河交通運輸十分便利。伊江兩岸風景如畫，物產富饒，歷來是緬甸經濟文化發展的重鎮，下游的三角洲是緬甸最富庶的地區。

男人必須當和尚

緬甸的男人雖然生活悠閒，但他們一生必須出家一次，出家次數不限，時間可長可短，有的人終身當和尚，更多的人則是幾年、幾個月甚至一兩個星期當和尚。除信仰因素外，出家的理由也千奇百怪：窮人為了有個地方吃住，富人為了長命百歲，體弱者為消災祛病，強壯者為福上加壽，運氣好要當和尚過過高興日子，運氣不好也要當和尚去去晦氣，婚前為婚後幸福出家，婚後為重溫婚前獨身生活也要去做和尚。大多數

緬甸男孩到9歲左右都要入寺修行，學習佛學經典。

人9歲開始進入寺廟，在20歲前結束和尚生活。那些終生為和尚的則須剃光全身的毛髮，終生去沉思，去研究經文和如何教誨俗人。

佛教聖地巴格

巴格距仰光僅1個小時的車程，它曾是昔日王朝繁榮的都城，而且在仰光取代它之前，一直都是緬甸最重要的海港。現在它是緬甸的稻米主產區，繁衍生息著50萬人口，歷史上的紛飛戰火早已經成了過眼雲煙。巴格之所以出名，是因為那裡有1,000年歷史的55公尺高臥佛，這座大佛也是當今世界上最大的佛像之一，它在叢林中隱藏了200年，之後才於19世紀80年代被人重新發現。在巴格的中央矗立著佛塔，它比仰光大金寺還要高。

長頸族

緬甸巴東族又稱為「長頸族」，居住於緬甸茵萊湖東南面，與泰國夜豐頌邊境地卡倫族是一族。巴東族有一種奇特的風俗，人們認為婦女的脖子越長越美，長脖子是女性美的一個因素。該民族的女子從小就以銅條繞頸，隨著年齡的增長銅條也不斷加多，這樣可使脖子拉長，而且通過銅條還可顯示財富和地位，男子選擇物件時都以長脖子作為重要條件。

泰國

THAILAND

ราชอาณาจักรไทย

泰國位於東南亞中南半島的中南部，東南與柬埔寨相鄰，東北與寮國交界，西和西北與緬甸接壤，疆域沿克拉地峽向南延伸至馬來半島，與馬來西亞銜接，東南臨泰國灣，西南濱安達曼海。海岸線長2,600公里。泰國大部分地區屬熱帶季風氣候，全年氣溫高，溫差小，雨量充沛。年均氣溫在25℃～30℃之間。由於受不同地形和海洋影響，全國各地的降水分布不均，溫度差異較大。

國家檔案

全名	泰王國
面積	51.31萬平方公里
首都	曼谷
人口	6,886萬（2016年）
民族	泰族為主要民族，其他還有寮族、馬來族、高棉族等30多個民族
語言	通用泰語
貨幣	泰銖
主要城市	曼谷、清邁、芭達雅、大城

🌐 自然地理

泰國是一個多雨、多山的熱帶國家，它擁有奔騰的急流、茂密的森林、綠色的平原、平疇的水田、美麗的白沙灘，以及充滿活力的都市。其版圖酷似大象的頭顱，南部的馬來半島宛如長鼻伸向大海豪飲。整個地形北高南低，地勢由西北向東南傾斜，地形以平原為主。

多山的泰國

泰國大致可分為西北山地、東部高原、湄南河平原、南部半島四個部分：西北山地的山脈多南北走向，它們是緬甸撣邦高原的自然延伸；東部高原海拔較低，地形平坦；湄南河平原位於泰國中部，是泰國的主要農產區；南部是狹長的馬來半島，東西瀕臨兩大洋，建有優良的港口。

水網縱橫的國度

泰國河流眾多，水網縱橫。湄南河可以說是泰國的母親河。上游支流眾多，水

量充沛，有灌溉之便利，中下游航運便利，上可通江下可達海。湄公河是東南亞的國際河流，沿泰、寮邊境蜿蜒向南，一路流入泰國灣。

泰國奴哈拉它拉沙灘，長約3公里，並長有大片的松樹和椰樹，風景優美。

🏛 歷史文化

距今13,000年～7,000年，今天的泰國國土上就已經有人類活動。1238年開始形成較為統一的國家。先後經歷了素可泰王朝、阿瑜陀耶王朝（大城王朝）、吞武里王朝和曼谷王朝。佛教是泰國的國教，佛教深入泰國人生活之中，並影響著人們的生活。

封建王朝的崛起

西元前後，泰國大地已出現文明的曙光，成為孟人、泰人、高棉等民族繁衍生息的一方熱土。6世紀左右，孟人在湄南河平原建立了許多小國。10世紀，這些小國被柬埔寨吳哥王朝征服。13世紀初，北方的泰人部落強盛起來，逐步擺脫吳哥王朝的統治，於1238年建立泰國歷史上第一個王朝：素可泰國。

曼谷臥佛寺內一尊幾乎占滿整個殿堂的大佛，其身鐵鑄包金，鑲有寶石，兩隻腳特別大，腳底長5.8公尺，並刻有圖案。

阿瑜陀耶王朝時期

1350年，以烏通王為首的泰人的一支強大起來，占據湄南河的一個島嶼，以此為中心築城，烏通王創建阿瑜陀耶王朝。立國後，王國推行「薩迪納制」（即封建制），封建制度初步確立。王朝長期對外征戰，導致國力衰微，1767年終被宿敵緬甸貢榜王國大軍所滅。

曼谷王朝時期（卻克里王朝時期）

1776年泰國重新統一，進入吞武里王朝時期。1781年，吞武里王朝大將卻克里趁宮廷政變之機奪取王位，建立曼谷王朝。王朝建立後致力於開拓疆土，向東侵略柬埔寨，迫使柬納貢。但此時英國等西方列強的威脅，也使王朝局勢緊張，危機迫在眉睫了。

大皇宮位於曼谷那拉蘭大街，昔日為泰王的居所，現在為舉行慶典的場所。圖為大皇宮頂部諸天神佛的塑像。

朱拉隆功大帝改革

19世紀早期，英國軟硬兼施迫使泰國開埠通商，簽定了一系列不平等條約。19世紀中期美、法、義等列強也如法炮製，攫取眾多特權。面對列強咄咄逼人的態勢，朱拉隆功大帝接過改革的旗幟，雷厲風行實行變法，從而使泰國在近代保持獨立地位。

鄭王寺院內的佛塔表面上，鑲嵌有大量中國古代陶器的碎片，雄渾古樸。

走向立憲民主之路

一戰期間泰國加入協約國一方，雖然戰後成為戰勝國的一員，但這並未給本國的經濟帶來好處，反而因參戰陷入財政危機。1929年的世界經濟危機對困難重重的泰國經濟更是雪上加霜。在此背景下，一批受歐風美雨沐浴的軍政官員發動軍事政變，泰國開始走上君主立憲之路。二戰後，軍人集團勢力長期左右國家政局，人民強烈不滿，要求實行民主大選還政於民。進入20世紀80年代，軍人干政勢頭不減，幾次大選形成的民主體制均被武力推翻，人民一再掀起抗議浪潮。近年來，隨著軍人勢力和人民力量的此消彼長，力量對比發生改變，泰國在立憲民主之路上漸行漸遠，政局趨向平穩，國勢蒸蒸日上。

黃袍佛國

佛教是泰國的國教，全國佛寺多達3萬座，國人90%信奉佛教，有30萬人出家向佛。泰國是佛教之邦，佛教在泰國社會生活中的影響隨

泰國首都大佛寺內的佛像靜坐蓮花寶座上，神態安詳。

處可見。幾百年來，風俗習慣、文學、藝術和建築等方面，和佛教文化都有著水乳交融的關聯。在泰國，凡是信佛教的男童，到了一定年齡，都要一度削髮為僧。在泰國處處可見身披黃色袈裟的僧侶，以及富麗堂皇的寺院。因此，泰國有「黃袍佛國」的美名。佛教為泰國人塑造了道德標準，使之形成了崇尚忍讓、安寧、平和的民族性格。

表演泰國古典舞蹈的少女，她們穿著以有名的泰國絲製成的服裝，並配以金光閃閃的鎦金片。她們所戴的帽子，是寺廟風格的寶塔型金冠，充滿著宗教氣息。

泰國男人一生一定要剃度出家當一次和尚，一般要出家3個月，最短7天，也有長期為僧的。在泰國，身著黃袍的小和尚隨處可見。

別具一格的泰拳

泰拳是在泰國古代戰爭中發展起來的。過去拳擊是專為王室表演的，國王不駕臨不能表演。現在在泰國拳擊是一項十分吸引人的活動，比賽前要舉行神祕的宗教儀式，要向國王表示敬意，要向著自己誕生的方向跪拜，兩手遮面，作簡單的禱告，祈求神靈庇護勝利。比賽開始時，比賽雙方相互三鞠躬，並在泰國傳統樂曲伴奏下跳不同步子的舞蹈，隨之，拳師們繞場緩行，向觀眾致意並顯示威武的姿態和憤怒的神情，其場面壯觀莊嚴。

婀娜多姿的古典舞

泰國的古典舞蹈在世界上頗為出名，內容上大多取材於梵文神話，可分為孔（面部舞）、沙邦（音樂舞）和拉孔（舞蹈劇）3種。形式上，古典舞又有「宮內」與「宮外」之別。宮內舞強調舞姿的優美典雅與細膩的韻味，具有嚴格的規範與程序，宮外舞與宮內舞的表演

Travel Smart

水果 ｜ 漁業

1. 泰國是世界上著名的「水果王國」，有「水果之王」榴槤、「水果之后」山竹；還有碩大的菠蘿蜜、微小的金蕉、熱帶水果芒果、鮮美的荔枝、四季可吃到的西瓜和葡萄。其鳳梨罐頭已占世界市場的35%。

2. 泰國有漫長的海岸線，所瀕臨的海域漁業資源豐富，盛產近百種海產品。目前，泰國水產品的捕撈量已占世界第六位，每年出口額達30億美元，居世界第三位。

手法、以及造型標準均不相同，在內容上，宮內舞無滑稽場面，宮外舞就比較自由風趣，其特點在於娛樂。

泰國首都曼谷到處都是高大的現代化建築群，在夜幕下散發出迷人的色彩，使整個城市充滿了無窮的魅力。

🔛 主要城市

泰國是一個歷史悠久的佛教之國。在這個被稱為「白象之國」的美麗之邦，城市裡到處都是金碧輝煌、尖角高聳的廟宇、佛塔；無處不有精緻美觀的佛尊、石雕和繪畫。可以說，與「佛」不相關的城市，不是泰國的城市。

天使之都曼谷

曼谷位於湄南河河畔，坐落在湄南河三角洲之上，是泰國政治、經濟、文化中心，也是全國最大的工商業城市。湄南河在市區川流不息，其分支縱橫交錯如同蛛網，所以曼谷又有「東方威尼斯」的美稱。自1782年泰皇拉瑪一世建都於此，曼谷就成了彙集整個泰國新舊生活方式的萬花筒。二百多年的古都滄桑給曼谷留下眾多的文化古蹟，和現代都市氣息交相輝映，相得益彰。古老與現代並存，夢想和現實交織，使曼谷這個國際大都市充滿無窮的魅力。曼谷的名勝古蹟數不勝數，以佛寺最多，大小廟宇共有400多座，建築之美也為全國之最。在曼谷的大街小巷，到處都可以看到五光十色的寺廟和僧院，故而又稱其為「佛廟之都」。曼谷的玉佛寺和大王宮是曼谷最著名的。

文化名城清邁

清邁是泰國古都，著名的歷史文化古城，建於1296年。作為蘭那王朝的首都，到1556年，清邁一直是泰國宗教、文化和商業中心，其所建城垣大多保存至今。今天的清邁以「美女和玫瑰」享譽天下，不僅是泰

國北部政治、經濟、文化教育中心，也是泰國第二大城市。它距曼谷700公里，位於海拔300公尺的高原盆地，四周群山環抱，清澈的濱河流經市區，氣候涼爽，樹木蔥翠，景色旖旎，古蹟眾多，是東南亞著名的避暑旅遊勝地。

東方夏威夷芭達雅

芭達雅位於首都曼谷東南154公里，西臨泰國灣，以陽光、沙灘、海鮮名揚天下，是世界著名的新興海濱旅遊渡假勝地，被譽為「東方夏威夷」。芭達雅面積20

多平方公里，風光旖旎，氣候宜人，年均溫度20℃左右。長達40公里的芭達雅海灘陽光明媚，藍天碧水，沙白如銀。椰林茅亭，小樓別墅掩映在綠葉之間，令人心曠神怡。每年有200次～300次國際會議在此召開，每年接待遊客100多萬人次，收入外匯折合泰幣70多億銖，是泰國旅遊業收入的主要途徑之一。

古都大城

大城是大城府首府，泰國著名的古城。大城位於湄南河中游東岸，巴塞河和華富里河匯合處，南距曼谷約64公里。大城是阿瑜陀耶時代（1350～1766）的京城，泰國的33代君主曾在這裡建都417年。大城這座古老的城

市古蹟到處可見，（曼谷王朝的）拉瑪四世和拉瑪五世在此建立行宮，其中一座中國式行宮十分華麗。古城內還有金碧輝煌的莊甲盛宮，現已闢為阿瑜陀耶博物館。

普吉島

普吉島舊名「他廊」，華僑稱其為「通卡」，位於馬來半島兩側，距曼谷約922公里。普吉島是漂浮在印度洋上的一個美麗的島嶼，也是泰國領海內的最大島嶼。它的周圍還有數以百計的小島礁。面積543平方公里。這裡有錫礦和橡膠園，是採錫業中心。作為海港，從這裡輸出錫礦砂和天然橡膠等。這裡的海洋生物中心，飼養著各種魚類及其他海洋生物。

泰國是個歷史悠久的佛教王國。城市裡到處都是尖角高聳的廟宇佛塔，與現代的建築群交相輝映。

上 ｜ 木安玻琅古城是一個集中了泰國名勝古蹟的微縮景觀主體公園，是世界上最大的露天博物館。

下 ｜ 每日早上，小販們聚集在泰國水上市場做水上交易。

🪙 經濟

　　泰國是一個以農業為主體的國家。20世紀80年代後，其經濟結構發生了較大的變化，泰國從農業國向工業國目標邁進，並取得了成效，20世紀90年代以來，工業品出口值已占出口總值的80%以上。目前，大量外資的湧入，也為泰國經濟迅速發展提供了良好的機遇，泰國經濟正持續高速發展。

傳統的農業

泰國是傳統農業國，全國耕地面積為2,103.7萬公頃，占全國土地面積的41%。泰國是大米生產國和出口國，水稻是泰國最重要的農作物，生產面積約占全國耕地面積的90%以上。國家的中部平原是傳統水稻種植區，這裡每年收穫的稻穀占全國總產量的60%。玉米年產量的60%多供出口。

突飛猛進的旅遊業

泰國是亞洲重要的旅遊國家之一，號稱「亞洲最具異國風情的國家」。東南亞諸國中，泰國旅遊業比較發達。泰國的文化是由北向南傳播，因此北部和中部分布了數不勝數、極富東南亞特色的名勝古蹟。南部有很多風景優美的沙灘渡假地、以及具有濃郁宗教文化色彩的寺廟。其中首都曼谷和東南部的芭達雅尤為著名。

珠寶業

20世紀70年代以來，珠寶業迅速發展起來並打入世界市場，特別是紅寶石和綠玉，早已聞名於世，20世紀80年代中期已居泰國出口商品的第七位。泰國寶石和首飾的出口額在世界珠寶市場上約占13%的份額。世界市場上的紅寶石有80%來自泰國，主要產地集中在尖竹汗

摩訶阮院是素可泰規模最大、最莊嚴的寺院。這裡現在是泰國最著名的旅遊景點之一。

寶石礦，分散的大市場有成千個。日本和美國是泰國紅寶石的主要買主。泰國出口的50%珠寶由日本、美國購買。泰國藍寶石的原料主要來自斯里蘭卡和澳洲。

孟加拉

BANGLADESH

গণপ্রজাতন্ত্রী বাংলাদেশ

孟加拉位於南亞次大陸東北部的恆河、和布拉馬普特拉河沖積而成的三角洲上。東、西、北三面與印度毗鄰，東南與緬甸接壤，南瀕臨孟加拉灣，海岸線長550公里。全境80%的地區為平原，東南部和東北部以及吉大港地區是丘陵地帶。大部分地區屬於熱帶季風氣候，濕熱多雨。孟加拉大部分土層深厚肥沃，河網稠密，湖泊眾多，既有灌溉、墾殖、航運之利，又有眾多的淡水魚類，是世界著名的魚米之鄉。但是它的氣候有時帶來毀滅性災難，1991年的特大颶風奪去了14萬人的生命。

國家檔案

全名	孟加拉人民共和國
面積	14.76萬平方公里
首都	達卡
人口	1億6,291萬（2016年）
民族	孟加拉族占98%，另有20多個少數民族
語言	孟加拉語為國語，英語為官方語言
貨幣	塔卡
主要城市	達卡、吉大港

水鄉澤國

孟加拉是世界上降雨量最多、河流最多的國家之一。雨季來臨，往往排水不暢，加上又處在恆河與布拉馬普特拉河兩條大河的下游，洪水氾濫給國家和人民的生命財產帶來巨大損失。為解決這一問題，在世界銀行的主持下，來自各國的水利專家為孟加拉制定了一項治理洪水災害的「五年行動計畫」。該計畫於1991年開始啟動，第一階段對喜馬拉雅山南麓地區進行評估分析，提出洪水預警和減輕水患的初步措施。計畫的最終目的是既要使人民逐步擺脫洪水的威脅，又要使農業漁業等得到良好的保護。該計畫取得了一定的成效。

📖 **Travel Smart**

貧困 | 航運
恆河三角洲

1. 孟加拉人民生活貧困，近一半人口生活在貧困線以下。

2. 交通以內河航運為主，承擔65%的貨運量和38%的客運量。

3. 恆河三角洲是世界上面積最大的三角洲之一（大部分在孟加拉，小部分在印度），面積約8萬平方公里。

右 | 孟加拉族是個古老的民族，雖然現代化的生活方式已走進這個開發中國家，但在達卡街頭仍隨處可見這種五顏六色的人力車。

孟加拉人民共和國的成立

孟加拉族是南亞次大陸古老民族之一。孟加拉地區曾數次建立過國家，版圖一度包括現今印度西孟加拉、比哈爾邦等邦。16世紀已經發展成次大陸上經濟發達、文化昌盛的地區。18世紀中葉成為英國對印度進行殖民統治的中心。19世紀後半葉成為英屬印度的一個省。1947年印巴分治，孟加拉被分為東西兩部分。1971年3月東巴宣布獨立，1972年1月正式成立孟加拉人民共和國。

在孟加拉的任何城鎮之中均有清真寺，人們以《可蘭經》的教義來約束自己的行為，法院在孟加拉人的生活中的作用並不很明顯，圖為達卡市一座古老的高級法院。

恆河三角洲的明珠：達卡

首都達卡是一座美麗而古老的城市，位於恆河三角洲，布里干加河畔，滔滔的河水由北向南繞過達卡的西南角，流入孟加拉灣。1608年莫臥兒帝國在此建立邦府，曾一度成為南亞次大陸東部的通都大邑。今天的達卡是全國的政治、文化、工業和交通中心，有棉紡、黃麻、食品加工、造紙等工業，是世界最大的黃麻生產基地。同時，孟加拉以「三輪車王國」著稱於世，達卡的三輪車就有10多萬輛，是當之無愧的「三輪車之都」。另外，達卡市內有許多古城

虔誠的伊斯蘭教徒

孟加拉人大部分信仰伊斯蘭教，其社會生活文化的各個方面都受到伊斯蘭教的深刻影響，伊斯蘭教徒們不僅虔誠皈依唯一的阿拉真神，並以能夠繼承伊斯蘭教遺產而感到驕傲。所以，孟加拉可以說是傳播伊斯蘭教最積極的地方。孟加拉的宗教儀式也極為繁多。在鄉下，用竹子搭起來的小屋旁邊，一定會放著一個木桶，裡面盛滿水，一方面方便口渴的行人，一方面在祈禱前使用此水淨身，以表虔誠之意。

孟加拉85%的國土位於恆河和布拉馬普特拉河沖積成的三角洲大平原上，數量眾多的船隻是這個國家的特色。

堡和紀念碑，著名的拉爾巴格古城堡，是孟加拉人民反對殖民主義的歷史見證、和人們悼念先烈的地方。

黃麻之國

　　黃麻是孟加拉最重要的經濟作物，也是國家收入的主要來源之一，孟加拉的黃麻產量僅次於印度，居世界第二位。孟加拉肥沃平坦的土地和高溫多雨的氣候極適合黃麻的生長，出產的黃麻纖維較長，韌性良好，是編製麻袋和麻布的優質原料。黃麻產地主要分布在布拉馬普

特拉河下游平原。孟加拉的黃麻加工業也因資源優勢而較發達，年產黃麻製品占世界第二位。

孟加拉政府重視教育，規定8年級以下女生享受免費和義務教育。對人口眾多而經濟不發達的孟加拉學生來說，能在國立學校上學是件值得慶幸的事情。

不丹 *BHUTAN*

འབྲུག་ཡུལ

不丹位於印度和中國之間的喜馬拉雅山上，森林覆蓋率達70%。東部和北部與中國相鄰，西南與印度接壤。地勢由南而北漸高，落差極大。中部為肥沃的河谷地帶，北部為喜馬拉雅山高山地帶，山上住著半遊牧的犛牛牧人。主要河流發源於高山冰川融雪地帶，有阿穆曲河、旺曲河、莫曲河。這些河流順河谷向南流入印度，匯入布拉馬普特拉河。不丹氣候複雜，垂直變化較大，可以說是「一山有四季，十里不同天」。不丹是一個保守的佛教國家，權力由國王和政府分享。不丹於20世紀60年代開始現代化進程，至今對外部世界的開放程度還不是很大。

國 家 檔 案

全名	不丹王國
面積	3.8萬平方公里
首都	辛布
人口	78.4萬（2016年）
民族	主要是不丹族，尼泊爾族約占35%
語言	不丹語「宗卡」為官方語言
貨幣	那特倫
主要城市	辛布、普那卡宗、帕羅宗

古老的南亞王國

不丹歷史上先後經歷宗教神權時代和君主時期，宗教在不丹占有重要的地位。9世紀中期不丹獨立後並沒有形成統一的中央集權國家，分散的小邦實行政教合一的統治。12世紀後，西藏藏傳佛教派別逐漸成為執掌世俗權力的教派，在17世紀取得優勢地位，從此不丹開始了中央集權統治。1907年旺楚克家族在英國的支持下取得政權，建立君主世襲制。1952年後，新國王即位開始推行一系列改革措施，宣布實行君主立憲。1971年不丹加入聯合國，將維護主權和開展自力更生作為國家發展的目標，在國內推進改革步伐，大力發展經濟，在國際舞台上主張同世界各國特別是鄰國友好相處。

首都辛布

不丹的城市不多，規模也不大，由於長期與外界隔絕，一直被認為是一個神祕的國家。城市的功能集中，對周邊的輻射作用不夠明顯。辛布是不丹首都，意為「天府」，是全國的政治、經濟、文化和宗教中心。辛布坐落在喜馬拉雅山南坡的旺河谷地，海拔2,000多公尺。周圍森林環繞，風景秀

上 ｜ 首都辛布坐落在喜馬拉雅山的懷抱中，交通不便，比較閉塞。這裡沒有高樓大廈，多是兩三層的建築物。

下 ｜ 不丹人屬於西藏系人種。婦女在社會生活中通常有較高地位。

性降到了最低點。這樣的限制措施不但保護了環境，還進一步引發了人們對不丹的興趣，更提升了不丹在全世界的知名度。

虔誠的喇嘛教徒

不丹居民多信奉藏傳佛教的一個主要派別：噶舉派，並視其為國教。17世紀初，大量西藏僧侶移居不丹後，喇嘛教就在這裡逐步普及，使不丹成為一個統一的神權國家。不丹有數以萬計的喇嘛和寺院，這些古老的寺院是不丹最華美的建築物，其中有一些是不丹藝術和建築中最古老、最優秀的代表。喇嘛們終日念經拜佛，據說被稱為喇嘛的高僧，擁有驅惡鎮邪的力量，深受廣大居民所敬畏。不丹文化傳統深受佛教的影響，其程度之深，已使不丹的生活方式和佛教難以分開。

美。森林採伐是這裡的主要生產活動之一，辛布沒有現代工藝，手工藝品製作精良，生產的竹製酒杯、箭筒、織布機的零件、紙張都很有名。辛布城市規模和一個小鎮相當，人口不多，交通閉塞，寧靜得如同世外桃源，幾乎感受不到外面世界的喧囂。

開發潛力巨大的資源

不丹擁有開發潛力巨大的資源，主要為豐富的熱帶林木和高山森林。不丹是世界上森林覆蓋率最高的國家之一，被人們稱為「森林之國」。不丹森林從北到南，

從高到低，有規律地分布著亞寒帶針葉林、溫帶落葉闊葉林、副熱帶闊葉林和熱帶季雨林。不丹的森林大部分未遭破壞，因為在這兒砍伐受到嚴格控制。巨大而豐富的森林資源為不丹提供了寶貴的物資財富。另外，不丹水力發電的潛能也很大，但是水壩的數量很少。由楚卡壩發出的電出售到印度，換回大量外匯。

獨特的旅遊資源

不丹的旅遊業在國民經濟中占有重要地位，政府致力於在現代環境中繼承佛教的精神和民族的傳統，帶領這個古老國度勇敢走向新世紀。不丹在開發自然資源方面起步較晚。大面積的原始森林完好無損，大量珍稀野生動植物藏在深山人未識。近年政府在保護第一的前提下，適度進行了開發。政府規定，每年將進入國境的旅遊者嚴格限制在5,000名以內，把人類破壞自然的可能

尼泊爾

NEPAL

नेपाल

尼泊爾在尼泊爾語中的意思是「中間的國家」，因處在中國和印度之間而得名。尼泊爾坐落在南亞次大陸的北部，國土狹長，大部領土坐落在喜馬拉雅山南麓的群山中，是典型的「高山王國」。尼泊爾地形主要由喜馬拉雅山南下延伸的支脈、和源於高山地帶流入恆河的眾多水系構成，山脈南北並列，眾多河流切穿其中，形成山高谷深、崎嶇險峻的地貌。

國家檔案

全名	尼泊爾王國
面積	14.72萬平方公里
首都	加德滿都
人口	2,885萬（2016年）
民族	主要有尼泊爾族，其他有尼瓦爾族、拉伊族等30多個民族
語言	尼泊爾語為國語，上層社會通用英語
貨幣	尼泊爾盧比
主要城市	加德滿都、博克拉

豐富的自然資源

尼泊爾的森林面積約占國土的30%左右，水力資源豐富。水電蘊藏量為8,300萬千瓦，約占世界水電蘊藏量的2.3%，其中2,700萬千瓦可發展水力發電。政府也積極鼓勵水力資源開發。在喜馬拉雅山脈中蘊藏有多種礦物質，北部的一些地方發現了天然氣。另外，尼泊爾是一個種類繁多的野生動物和鳥類棲息的地方，齊特旺森林已闢為國家動物園。由於目前對森林的開墾，象和犀牛的數量已經有所減少。

悠久的歷史

尼泊爾具有悠久的歷史，西元前6世紀，加德滿都河谷就有人定居。西元前6世紀中期佛祖釋迦牟尼誕生於此。12世紀後一系列王朝更替統治。1769年沙阿王朝統一尼泊爾。18世紀末，英國對尼泊爾發動戰爭，尼泊爾被迫簽訂不平等條約。尼泊爾人民奮起反抗，1923年英國迫於壓力承認尼泊爾獨立。1951年尼泊爾人民推翻拉納家族的統治，宣布為君主立憲國家。1990年尼

尼泊爾是一個多民族的國家，西尼泊爾和南尼泊爾是印度－尼泊爾血統的聚落所在地。

泊爾頒布新憲法，規定在君主立憲的基礎上實行多黨民主制。

複雜的習俗

尼泊爾實行一夫一妻制，但是一夫多妻或一妻多夫的現象也常見。尼泊爾人流行火葬，地點常選在兩條河流交匯處，將屍體焚燒後推入河中逐流水而去。尼泊爾人待客熱情，向客人贈送禮物有三件東西必不可少：尼泊爾帽、戈戈里彎刀和布鞋。三件禮物都有綿綿情意蘊涵其中：贈帽表示對客人尊敬和愛護；彎刀是尼泊爾國寶，值得珍藏留念；臨行贈鞋，意在祝客人歸途平安。

寺廟立城的首都：加德滿都

加德滿都位於喜馬拉雅

山南坡的加德滿都谷地，是全國政治、經濟、文化中心和第一大城市。城區有河流穿過，地理條件優越，尼泊爾歷代王朝均定都於此。市內宮殿廟宇等古蹟眾多，歷代王朝興建了大批廟宇、佛塔、殿堂和寺院，堪稱「廟宇多如住宅，佛像多如居民」，「神像與市民相伴，寺院和店鋪為鄰」的城市，有人把加德滿都稱為「露天寺廟博物館」。

獨具特色的旅遊業

尼泊爾以秀麗的自然風光、各種獨特的動植物、以及由印度教和佛教經過長期相互滲透和融合，形成了獨具特色的古老文化，每年都吸引大批慕名來訪的遊客，促使尼泊爾旅遊業從無到有，至今已形成一定規模，成為尼泊爾外匯收入的第三大支柱。尼泊爾旅遊業有五大特色：加德滿都河谷區豐

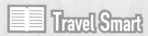
富的文化遺產和文物古蹟；喜馬拉雅山眾多雄偉的高山雪峰引人入勝；森林景觀複雜多樣，熱帶風光和溫帶寒帶風光熔於一爐；充滿大自然情趣、既刺激又富詩意的徒步旅遊；宗教文化和神祕的民族風情融為一體。

今天的尼泊爾仍然可以看到這種傳統的編織竹籃的技術。

菲律賓

PHILIPPINES

Republika ng Pilipinas

菲律賓位於赤道北端，是亞洲東南部的群島國家，有「千島之邦」之稱。北隔巴士海峽與台灣遙遙相望，南和西南隔蘇拉威西海、蘇祿海以及巴拉巴克海峽與印尼、馬來西亞相望，西瀕南海，東臨太平洋，是亞澳兩大洲和太平洋之間、東亞和南亞之間的交通要道。海岸線長18,533公里，島嶼排列由南至北，南北長1,855公里，東西寬1,088公里。

國家檔案

全名	菲律賓共和國
面積	29.97萬平方公里
首都	馬尼拉
人口	1億339萬（2016年）
民族	馬來族占85%以上，包括他加祿人、伊洛戈人、邦班牙人、比薩亞人和比科爾人等，還有少數的穆斯林、華、印尼、阿拉伯、印度、西班牙和美國人，另有極少數土著民族
語言	有70種語言。國語是以他加祿語為基礎的菲律賓語，英語為官方語言
貨幣	披索
主要城市	馬尼拉、三寶顏

群島國家

菲律賓由7,107個島嶼組成，其中有名稱的島嶼有2,800個，主要島嶼11個。全境分北部的呂宋島、中部的米沙鄢群島、南部的棉蘭老島、以及西南部的巴拉望島與蘇祿群島。在11個主要島嶼中，呂宋島面積最大，為104,688平方公里，約占全國總面積的35%；其次是棉蘭老島，面積為94,630平方公里，約占全國總面積的32%。

馬榮火山是全國最高的火山，海拔2,953公尺，至今仍時時出現冒煙的景象。

起伏不平、多火山的地形

菲律賓各島地形起伏不平，山巒重疊，山地占全國土地總面積的3/4以上。菲律賓群島的地質構造處在新生階段，因此，地震與火山的活動頻繁，屬於環太平洋造山地帶。構成地形的最大要素為火山。從完全呈現圓錐狀的馬榮火山到已失去原始形態的古老火山，各式各樣的火山都可以在菲律賓見到。

反對美國的殖民統治

1898年12月10日，美國通過對西班牙戰爭後，簽訂了美西《巴黎合約》，占領了菲律賓。菲律賓領導人不承認美國對菲律賓擁有主權，因此又發生了美菲戰爭。經過兩年苦戰，1901年3月阿奎納多被俘，向國人呼籲接受美國的統治，菲律賓淪為美國殖民地。美國為了鞏固其殖民統治，在政治上，逐步實行「菲律賓化」政策，即努力爭取菲律賓上層人士站在美國方面。1935年，菲律賓成立「自治政府」，推選菲律賓人奎松和奧斯梅尼亞分別為「自治政府」的正副總統。菲律賓的「自治」並沒有改變美國的殖民統治地位，因為憲法規定，在自治期間，美國在菲律賓仍然擁有最高權力。在軍事上，美國極力強化其軍事力量，血腥鎮壓菲律賓人民的抗美武裝革命。卡威第等重要海港成為美國的海軍基地。1915年，美國第二航空隊第一中隊移駐菲律賓，菲律賓成為美國在亞洲太平洋地區的重要軍事基地。

首都馬尼拉

馬尼拉位於菲律賓最大島嶼呂宋島西岸，瀕馬尼拉灣。是全國政治、經濟、文化的中心，也是一個重要的交通樞紐和貿易港口。馬尼拉市容整潔，是座風光綺麗的熱帶花園城市，到處可見潔白如玉的菲律賓國花──山吉巴達（意思是「愛的誓言」）茉莉花，散發著沁人的香味。巴石河北岸的納安盧街是金融中心，南岸的埃爾梅塔尼是政府部門和各國

首都馬尼拉是菲律賓交通樞紐，以此為中心的交通網絡向全國各地輻射開去。

旅遊業

20世紀70年代以來，菲律賓非常重視發展旅遊業，1973年專門成立了旅遊部，下設全國旅遊促進局，並在全國12個區設立了12個旅遊辦事處，結合實際情況，整頓國內旅遊設施。旅遊業是菲律賓的外匯主要來源之一。菲律賓把旅遊業稱為「旅遊工業」。菲律賓這座「千島之國」，海水雲天、湖光山色，自然景觀十分美麗。因為地處副熱帶，物產豐富，水果、海鮮四季不斷。

工農業

菲律賓工業產值占國內生產總值的33%，主要有製造、採礦、能源動力和建築等。製造業主要集中在馬尼拉區，它彙集了全菲小型工業企業的31%、中型工業企業的66%和大型工業企業的57%。宿務、內格羅斯

使館所在地。瑪卡蒂經過十幾年的發展已成為新的商業區和金融中心。市中心的里薩爾公園附近和沿羅哈斯濱海大道兩旁，高層建築鱗次櫛比，高大挺拔的椰樹和蒼翠的棕櫚相互掩映，使城市充滿生機和活力。

菲律賓明珠：三寶顏

三寶顏位於棉蘭老島西南端，在所有的菲律賓城市中，唯三寶顏最富有南國風情。在三寶顏市區，天主教堂和清真寺同時並存。三寶顏市的主要名勝有：位於市中心的市政廳、1635年西班牙神父皮拉為防禦來自海上的穆斯林人進攻而建築的皮

拉堡壘、和波索南卡公園。波索南卡公園距市中心約5公里，有露天游泳池、野營區以及特有的「樹上旅館」，公園建在一座小山丘上，可鳥瞰三寶顏市景。

菲律賓海岸線長達18,533公里，漫長的海岸線蜿蜒曲折於菲律賓大部分國土上。黃昏下的蔚藍海岸，景色尤其美麗。

島的巴哥洛的製造業也比較發達。呂宋島的雪茄世界聞名。菲律賓的工業布局主要集中在以馬尼拉為中心的，包括4市13鎮在內的馬尼拉區域內，該區域集中了全國人口的70%，工業產值的60%，提供的財政收入占全國的90%。菲律賓農業人口占全國人口總數的68%，全國勞動力的50%從事農業。農業產值占國內生產總值的18.6%，其中糧食作物產品產值占農業產值的60%，經濟作物占農業產值的40%。經濟作物在農業中占有重要地位。農業中，椰子、甘蔗、焦麻、煙草是菲的四大傳統經濟作物，並保持著在國際市場上的經濟地位。其中椰子的產量和出口量均在世界產量和出口量的前列。

飲食習慣

　　菲律賓人的主食是大米、玉米。農民在煮飯前才舂米，把米飯放在瓦缸或竹筒裡煮，用手抓飯進食。菲律賓人最喜歡吃的是椰子汁煮木薯（樹薯）、椰子汁煮飯，然後用香蕉葉包飯。城市中上層人士大多吃西餐。菲律賓穆斯林人的主食是大米，有時也吃玉米和薯粉，佐以蔬菜和水果等。按照

伊斯蘭教教規，他們不吃豬肉，不喝烈性酒。

Travel Smart

菲律賓高山梯田

在菲律賓呂宋島北部，有一片已有2,000多年歷史的高山梯田。這是古代勞動人民為改造自然而用雙手建造起來的偉大奇蹟。山地山勢峻峭，古人為建造梯田付出了艱辛的勞動，所有的梯田均用巨大的石塊砌成外壁，其用料總量超過了埃及金字塔。梯田自下而上，重重疊疊，從海拔1,100餘公尺一直建到海拔1,500多公尺，其磅礡的氣勢令人為之震撼。據統計，高山梯田灌溉水渠總長在1.9萬公里以上，幾乎可以圍繞赤道半圈。

上 ｜ 被稱為「太平洋上的果盤」的菲律賓除盛產各種水果外，還盛產許多種蔬菜。

下 ｜ 達沃市是菲律賓第三大城市，也是棉蘭老島最大的天然良港，沿海的海濱大道景色怡人。

新加坡

SINGAPORE

Republik Singapura

新加坡共和國位於馬來半島南面，地處太平洋和印度洋之間航運要道麻六甲海峽的出入口，北隔柔佛海峽與馬來西亞相鄰，南隔新加坡海峽與印尼相望。由新加坡本島及附近60個小島組成，本島以外的其餘島嶼，較大的有德光島（24.4平方公里）、烏敏島（10.2平方公里）和聖淘沙島（3.5平方公里）。新加坡本島占全國面積的91.6%。海岸線長193公里。新加坡是東南亞諸國中最富庶的國家之一，其環境之清潔、產業之繁榮、國民之守法，在世界上也是少有的。

新加坡市

　　新加坡市是全國政治、經濟、文化中心，又稱獅城、星州、星島。新加坡是世界聞名的花園城市，市政建設規劃

國 家 檔 案

全名	**新加坡共和國**
面積	699.4平方公里
首都	新加坡
人口	560.7萬（2016年）
民族	華人占75.2%，馬來人占13.6%，印度人占8.8%，其他民族占2.4%
語言	馬來語為國語，英語、華語、馬來語和坦米爾語為官方語言。英語為行政用語
貨幣	新加坡幣
主要城市	新加坡

周密、布局合理。新加坡市中央區沿著海灣的中間地帶辦公街的兩旁，聳立著具有英國風格的建築物。合洛路和梧槽路一帶基本上是新建的居民區，而烏節路一帶則是商店、酒樓和購物中心。市內高樓林立，大廈比比皆是，最高的72層大廈，目前是東南亞最高大的建築物之一。新加坡街道整齊，綠樹成蔭，鮮花遍地，空氣清新，環境十分優美，全市就猶如一座瑰麗無比的大花園。新加坡工廠林立，企業頗多，新加坡市同時也是新加坡的商業、金融業中心。

工業

新加坡地狹人稠，本身資源貧乏，連淡水供應也緊張，長期靠旅遊業和轉口貿易為生。獨立後，才利用有利的地理位置和豐富的勞動力，積極發展對外貿易以及和海上航運密切相關的本國工業，並新建了21個出口加工區，其中最重要的裕廊工業區，是新加坡出口產品的生產基地。產品小到精密電子元件，大到船舶，應有盡有。另外，電子工業是新加坡的後起之秀，生產的各類電子產品銷往世界各地，產值居東南亞各國之首。

發達的旅遊業

新加坡是個美麗的花園城市國家，旅遊業發達，是新加坡僅次於工業和貿易的第三大經濟支柱。20世紀80年代以後，新加坡旅遊業大舉開展會議旅遊、體育旅遊，並以價廉優勢參加世界競爭。據計算，在新加坡旅遊，費用只相當於香港同類水準的1/2，日本的1/3。所以，現在新加坡每年接待的遊客高達400萬人次。

新加坡唐人街

世界上許多大城市都有唐人街，新加坡也不例外。新加坡唐人街在南橋路一帶，這裡就像是華人的街市，大部分居民也都是華人，寬闊的大街上張掛著各色彩旗，種植著各式的花卉，還有伸延至路邊的曬衣場。街道的兩旁密集的房屋是華人開的商店，名稱全用中文、英文書寫，商店裡和攤販上出售的主要是華人商品。這裡還有一座金門會廟和一座典型的中國寺廟：蔣霍肯廟。廟中的花崗石柱、木雕刻、石雕刻和觀音像，都是1840年由中國運來的。

新加坡是個多民族國家，以華人、馬來人、印度人等為主。圖為盛裝一新的印度少女。

Travel Smart

新加坡的象徵：魚尾獅

魚尾獅是新加坡的象徵，是由新加坡雕塑家南邊松設計的，當時花費了100萬新幣，用了40噸水泥。魚尾獅是一座上半身是獅子、下半身是魚的奇妙的雕塑。上半身獅子是根據新加坡在梵語中發音為獅子的意思得來，下半身是魚，則代表新加坡是個港口城市。沿著新加坡的伊莉莎白道過安德森橋，就是放有魚尾獅的魚尾獅公園。這是一個很小的公園，在公園伸向濱海灣的一角有一高8公尺、純白的魚尾獅。此外，公園內還有小的魚尾獅模型。

烏節路上的時尚潮流

烏節路是新加坡著名的購物兼娛樂中心。長長的街道兩旁是現代化的商業中心或百貨公司。當夜色來臨時，烏節路更顯得風情萬種。各式各樣中式和西式的夜總會紛紛亮起了霓虹燈，招徠著通宵不回家的留客。因此，愛流連酒吧的客人可以不用兜遠路。另外一個夜生活活躍的地方是烏節路的迪斯可舞廳。強勁的音樂急切地等著太陽下山，當天邊第一顆星星在閃爍時，壓抑的音符破「鼓」而出，強勁引爆。年輕人在迪斯可廳內扭動著身軀，搖滾著烏節路夜裡無限的活力。耶誕節期間的烏節路最為金碧輝煌。每年12月，這裡便成了閃光燈及萬般裝飾組成的「燈光表演街」，預報佳節的來臨。

聖淘沙島

聖淘沙島位於岌巴港南岸，與新加坡隔海相望，距離新加坡本土800公尺左右。小島東西寬約4公里，南北長約1.5公里。在馬來語中，聖淘沙就是「和平寧靜」的意思。1972年以來，小島在新加坡政府鼓勵下逐漸開發成為旅遊勝地。島上主要康樂場所及展館有：新加坡先驅人物蠟像館，這是聖淘沙島上最具特色的展覽館，亦是新加坡最著名的蠟像館；19世紀英國西羅梭炮台，已有百年的歷史，引人駐足；就在蠟像館的同一位置有世界昆蟲館，這是亞洲最大的昆蟲館之一，展出了4,000多種包括蝴蝶、蛾類、甲蟲類等在內的昆蟲標本及活蟲。此外，珊瑚館、聖淘沙藝術中心、獨木舟中心、高爾夫球場、音樂噴泉等處，令人難忘。總之，潔白沙灘、熱帶魚類和動植物、歷史遺跡、探險樂園、五星級大酒店，還有浪漫的入夜風情……這一切聖淘沙一樣都不缺。正是這個原因，聖淘沙成為新加坡最負盛名的旅遊勝地，吸引了世界各地數以百萬的遊客前來遊覽。近年來在政府大力推廣觀光事業活動的同時，又開闢出許多觀光旅遊景點。

右｜新加坡市區在新加坡島的南部，市中心沿新加坡河兩岸發展。高樓林立，街道整潔。

Travel Smart

生活習俗

1. 新加坡禁止在商品包裝上使用如來佛的圖像，也不准使用宗教用語，忌諱豬、烏龜圖案。

2. 新加坡新年期間不掃地、不洗頭，否則好運會被掃掉、洗掉；不要打破屋裡的東西，尤其是不要打破鏡子，因為那將預示家庭的分裂或發生其他不幸的事。

3. 在新加坡，很少人會公開表露幽默感，而且不是所有的笑料都能為人們所欣賞，因此不太瞭解對方之前，最好少開玩笑。

新加坡現代化的公路網以新加坡為中心，與各地聯絡，密如蛛網。同時新加坡也是世界上交通秩序最好的國家之一，聯運車輛交接站內秩序井然。

汶萊

BRUNEI
Negara Brunei Darussalam

汶萊位於加里曼丹島北部，北瀕中國南海，海岸線全長162公里。東南西三面與馬來西亞的沙勞越州接壤，並被沙勞越州把國土分隔為不相連的東西兩部分。沿海為平原，內地為山地，東部地勢較高。汶萊接近赤道，屬熱帶雨林氣候，終年炎熱多雨，一年分雨季和旱季兩季，界限分明。

國家檔案

全名	汶萊和平之國
面積	5,765平方公里
首都	斯里巴加灣市
人口	42.9萬（2015年7月）
民族	馬來人占66.7%，華人占11%，其他民族占22.3%
語言	馬來語為官方語言，通用英語，華語使用較廣泛
貨幣	汶萊幣
主要城市	斯里巴加灣市

東方石油小王國

1929年，當時貧窮落後的汶萊發現了大油田和天然氣。於是，英國、美國、日本等國的大量資本投入到汶萊的石油勘探、開採，天然氣和發電站等產業中，使汶萊的經濟迅猛發展並獲得「東方石油小王國」的稱號。現在其石油和天然氣的產值已占國民生產總值的36%。汶萊的平均國民收入為2萬多美元，是世界上富裕的國家之一。汶萊具有現代化工業水準的煉油廠和石油氣化工廠，也帶動了建築、造紙、化工等行業的發展。

首都斯里巴加灣市

斯里巴加灣市位於汶萊河入海口，是汶萊的首都和最大城市。市區集中了全國政府各機關等的中樞機構。城區很小，步行一個小時就能繞著市區轉一圈，這裡既沒有超高層建築，也沒有商業街。市中心建有能停1,000輛汽車的大停車場，寬闊的大草坪上可以踢球。市區路上行人少得出奇，靜靜的城市中，只有來往車輛發出的響聲。

水上村落艾爾村

艾爾村是橫跨在汶萊河上的水上村落，由建在水上的高腳建築聚集而成。據說斯里巴加灣市半數的人口都住

在這裡。曾有人提議將居民們遷移到陸地上，但居民們堅持不肯，他們的生活方式便被保留了下來，展現著傳統的生活狀態。居民日常所需的各項設施和服務機構都建築在水上，有清真寺、學校、咖啡屋、警察局、消防隊等。居民們還可搭乘「水上計程車」，方便快捷地到達想去的地方，同在陸地上生活一樣方便舒適。

賽福鼎清真寺

斯里巴加灣市有許多裝飾精美、富麗堂皇的高大圓頂清真寺。其中最有名的是奧瑪爾·阿里·賽福鼎清真寺。它建成於1958年，以當時蘇丹的名字命名。該寺是斯里巴加灣市的象徵，是東南亞較氣派的建築之一。清真寺所用的建材十分考究，室內外的大理石全部從義大利採購，花崗岩取自中國，彩畫玻璃和枝形吊燈來自英格蘭，地毯則從比利時和沙烏地阿拉伯進口。

汶萊博物館

汶萊博物館位於距斯里巴加灣市約6.5公里的哥打巴都路，擁有汶萊的各種歷史資料。例如有大量的《可蘭經》、文件、手抄資料以及大量的古物，如陶器、精緻的古代藝術玻璃飾品、兼具紀念性及歷史性的地毯等。

上 ｜ 汶萊的民族構成十分複雜，主要有馬來人、華人、汶萊人等。
下 ｜ 美麗寧靜的汶萊首都斯里巴加灣市，綠草如茵，空氣清新。

馬來西亞  MALAYSIA

馬來西亞位於東南亞，國土被南海分隔成東、西兩部分。分別稱西馬來西亞（簡稱西馬）和東馬來西亞（簡稱東馬）。西馬位於馬來半島南部，北與泰國接壤，南與新加坡隔柔佛海峽相望，東臨南海，西瀕麻六甲海峽。全國海岸線總長4,192公里。東馬位於加里曼丹島北部，與印尼、汶萊相鄰。東馬由沙勞越地區與沙巴地區組成。全國分13個州和3個聯邦直轄區。

國家檔案

全名	馬來西亞
面積	33.03萬平方公里
首都	吉隆坡
人口	3,170萬（2016年）
民族	馬來人及其他土著人占69.6%，華人占23.4%，印度人占7%；沙勞越土著居民中以伊班族為主，沙巴以卡達山族為主
語言	國語為馬來語，通用英語，華語廣泛使用
貨幣	馬幣（馬來西亞令吉）
主要城市	吉隆坡、檳城、麻六甲

🌏 自然地理

馬來西亞地處兩洲兩洋相交的十字中心，南北連亞洲和大洋洲，東西通太平洋和印度洋，地理位置極為重要。馬來西亞河流密布，共有4條大河，全長約14,320公里，流域面積達93,688多平方公里。森林約占全國總面積的75%，盛產多種硬木。

沙勞越地區和沙巴地區

地勢以西南—東北走向的伊班山脈和克羅山脈為

馬來西亞西海岸是深厚的沖積平原，海拔50公尺以下的土地非常肥沃，是重要的農作物種植區。

中心，從內地往沿海逐漸降低，沙巴由中部向東部遞降，沙勞越由東南向西北傾斜。該地區北部為沖積平原，內地多森林覆蓋的丘陵與山地。山峰多在海拔2,000公尺左右。沙巴地區西部沿海為平原，內地多森林覆蓋的山地。克羅克山脈縱貫其南北，其主峰基納巴盧山海拔4,101公尺，為馬來西亞最高峰。

麻六甲海峽

麻六甲海峽在馬來半島與蘇門答臘之間。海峽全長約1,080公里，西北部最寬達370公里，東南部最窄處只有37公里，是溝通太平洋和印度洋的咽喉要道，是亞、非、澳、歐沿岸國家往來的重要海上通道，許多已開發國家進口的石油和戰略物資，都要經過這裡運出。麻六甲海峽處於赤道無風帶，大部分時間風平浪靜，便於

航行，是世上航運量最大、通航歷史最久的海峽之一。

馬來西亞全境深受周圍海洋的影響，高溫多雨，水熱條件優越。魚類種類繁多，圖為有名的大眼鯛。

歷史文化

馬來西亞自16世紀起就相繼遭到葡萄牙、荷蘭、英國、日本等國的侵略，直到1957年8月31日馬來亞聯合邦宣布獨立。在馬來西亞多災多難的歷史進程上，沒有被阻斷的是其一點一點累積下來的、歷久綿長、豐富多彩、別具一格的傳統文化。

曲折的歷史道路

西元初，馬來西亞的馬來半島有羯荼、狼牙修等古國。15世紀初以麻六甲為中心的滿剌加王國統一了馬來半島的大部分。16世紀開始先後被葡萄牙、荷蘭、英國占領。20世紀初完全淪為英國殖民地。沙勞越、沙巴歷史上屬汶萊，1888年兩地淪為英國保護地。在第二次世界大戰中，馬來亞、沙勞越、沙巴被日本占領。戰後英國恢復殖民統治。1957年8月31日，馬來亞聯合邦宣布獨立。1963年9月16日，馬來亞聯合邦同新加坡、沙勞越、沙巴合併組成馬來西亞（1965年8月9日，新加坡退出）。

豐富多彩的節慶活動

馬來西亞是個由多民族組成的國家。全國大大小

小的節日反映出這個國家多元的歷史、宗教、文化和風俗習慣，有春節、國慶日、屠妖節、開齋節、吉哈節、衛塞節和先知穆罕默德誕辰節等。春節這一天是全國的公共假日，居住在馬來西亞的華人仍保持古老的文化傳統，節日風俗和漢族的春節大致相同。國慶日又稱獨立日，1957年8月31日，是馬來亞聯合邦獨立的日子。每年這一天，全國人民普天同慶，首都舉行盛大的慶祝遊行活動，學生則可在這一天免費看電影。

馬來西亞的宗教主要有伊斯蘭教、佛教、印度教和基督教。印度教和佛教最早由印度商人傳入，在6世紀、7世紀流行，並長時間占統治地位，直到13世紀左右。圖為印度教徒信仰供奉的神像。

獨具特色的「國服」

在馬來西亞，到處可見人們穿著一種由蠟染花布做成的上衣，色彩鮮豔，質地薄而涼爽，適宜當地的炎熱氣候。這種美觀大方的衣服被稱為「巴迪服」，不論在正式場合還是比較隨便的場合都可以穿，所以又稱為「國服」。馬來西亞是個古老的民族，有自己傳統的服裝，男子上身穿無領長袖上衣，下身圍一塊布叫「紗籠」。女子穿「克巴亞」即無領無袖的連衣裙。馬來人有個習慣就是在公共場合不論男女，衣著不得露出胳膊和腿。

華人在馬來西亞人口總數中占第三位，馬來西亞也深受中華文化影響，中國式的廟宇建築隨處可見。

馬來西亞是一個多民族的移民之國，人們用勤勞而靈巧的雙手共同建造這個美麗的家園，圖片中的馬來人正在編造色彩斑爛的大風箏。

古老而獨特的住宅：浮腳樓

來到鄉村或城市郊區，看到馬來人傳統的房子「浮腳樓」時，你一定會對馬來人的高超智慧發出嘖嘖稱讚。「浮腳樓」是一種單層建築，房頂用樹葉鋪蓋，牆和地板用木質材料建成。地板離地數尺，可防潮及蛇鼠侵害。門口有一張梯子，來訪的客人須先脫鞋然後拾級而上。

帽子文化

馬來西亞人無論男女都戴著各式各樣的帽子。去清真寺做禮拜，男人頭上戴的圓錐形帽子是馬來西亞穆斯林的標誌。女人們千變萬化的帽子則是各種場合必不可少的裝飾。馬來西亞國王的帽子是馬來風格飾物中最有名的，它是國王身分的標誌，其他人不能模仿。國王的頭巾則被人命名為「永遠的思考」。蘇丹和他的繼承人、大臣、幕僚們的帽子通常使用高貴的黃色和白色，頭巾的折法也不允許隨便模仿。鄉間的人們，也是在伊斯蘭教徒的行為準則與馬來固有的生活習慣的交融中生活著。

馬來西亞以其悠久的歷史、燦爛的文化著稱於世，尤其表現在精美的建築雕刻上。

🏙 主要城市

馬來西亞是東南亞的主要旅遊觀光地，每年大約有700多萬遊客慕名前往。首都吉隆坡作為整個國家的縮影，是值得前往細細賞閱的。而具有豐富多彩人文景觀和歷史遺跡的麻六甲、以及最大的天然海港檳城，也是人們嚮往的精神家園。這些城市同時也是馬來西亞的經濟中心，隨著經濟的發展，城市的腳步才不斷前進，才能引領著城市其他行業的發展。

首都吉隆坡

吉隆坡建於巴生河畔泥濘的環境，此為它馬來語名的由來（意為泥濘之河口）。它是一座發展較快的年輕首都，同時也是馬來西亞政治、文化和商業的中心。優雅的建築、開闊的城市花園、大片的草坪和四處可見的遊人歇椅、鱗次櫛比的大小商店、大型購物中心、現代化的金融中心等等，令人羨慕不已。世界最高建築之一的「國油雙峰塔」，東南亞屈指可數的大型展覽會場「太子世界貿易中心」，令馬來西亞人深深地自豪。

📖 Travel Smart

右手優先

馬來西亞自古以來就是個禮儀之邦。馬來人十分講究禮儀，人與人交往時有許多禁忌。習慣上他們認為左手是不乾淨的，因此拿東西給別人時一定要用右手。馬來人用餐習慣是用右手抓飯進食，只有在西式的宴會上或在高級餐館用餐時，他們才使用叉和匙。馬來人相互拜訪時，衣冠必須整齊，對女士不可先伸出手要求握手。不可隨便以食指指人。他們忌諱觸摸頭部和背部，教師和宗教儀式除外。

東方明珠：檳城

檳城即喬治市，是檳榔嶼州的首府。這個具有悠久歷史的名城被喻為「東方明珠」。檳榔嶼州是由陸地和島嶼兩塊組成，兩岸之間是由一座耗資8億5千萬馬幣、東南亞最長的海上大橋所連接起來。檳城是西馬半島北部商業、海港及工業發達的重要城市，也是馬來西亞的旅遊勝地之一。檳城的外觀建築受西歐影響較重，這是它與其他馬來西亞大城市的不同之處。在城內，到處都可看到18世紀的城堡、教堂、極樂寺等。中國式寺廟、印度教的寺院、伊斯蘭教清真寺建築物也很多。

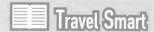

Travel Smart

發達的旅遊業

馬來西亞是舉世聞名的旅遊勝地。旅遊業在馬來西亞經濟中占有極為重要的地位。20世紀90年代以來，每年接待的旅遊人數超過700萬人次，外匯收入僅次於石油、棕油。發達的旅遊業對其他事業起了推動和促進作用。國內交通業和服務業也都隨之發展起來，同時也促進了各國之間文化和科技的交流。

馬來西亞雙子塔高451.9公尺，是目前世界上第二高的摩天大樓，樓內大廳高大寬敞。

東帝汶

EAST TIMOR
República Demokrátika Timor Lorosa'e

東帝汶位於東南亞努沙登加拉群島最東端，包括帝汶島東部和西部北海岸的歐庫西地區、及附近的阿陶羅島等。西部與印尼西帝汶相接。境內多山，沿海有平原和谷地，屬熱帶草原氣候，其他地區為熱帶雨林氣候。農業人口占總人數90%。主要農產品有玉米、稻穀、薯類等，糧食不能自給。經濟作物有咖啡、橡膠、椰子等，咖啡是主要出口產品。此外，還蘊藏豐富的石油和天然氣。

東帝汶當地有許多傳統節日，節日期間婦女都穿上盛裝，跳起優美的舞蹈。

多山的地形

東帝汶境內多山，山地和丘陵占國土面積的3/4，最高峰塔塔邁勞的拉瑪勞峰海拔2,960公尺。一處溫泉和眾多的溪流從山間涓涓流淌。除山地外，還有海岸平原和紅樹林沼澤地。

首都帝利

帝利是東帝汶的首都，人口17.57萬。帝利始建於1769年。帝利位於東帝汶北海岸，三面臨山，北瀕翁拜海峽，是東帝汶唯一的深水港、交通樞紐和旅遊勝地，也是全國的行政中心和商業中心。有陶器、香料和咖啡加工廠。帝利附近還有油田和金礦。

對外貿易

東帝汶主要出口產品為咖啡、椰乾、天然橡膠、紫檀木。其中咖啡品質優良，在國際市場上有一定聲譽，每年出口約5,000噸，占出口總值的85%以上。椰乾每年出口1,000噸。二者連同紫檀，有「帝汶三寶」之稱。

印度尼西亞

INDONESIA
Republik Indonesia

印度尼西亞（簡稱印尼）位於亞洲與大洋洲、太平洋與印度洋之間的十字路口，地理位置十分重要。印尼地跨赤道，由太平洋和印度洋之間17,508個大小島嶼組成，海岸線長54,716公里，是東南亞面積最大的國家，也是世界上最大的島國。境內土地肥沃，加之高溫多雨的熱帶雨林氣候，植被豐富、四季常青，使得整個印尼群島就像掛在赤道上的一串綠寶石。北部的加里曼丹島與馬來西亞接壤，紐幾內亞島與巴布亞紐幾內亞相連。東北部面臨菲律賓，西南部是印度洋，東南與澳洲相望。

🌐 自然地理

印尼以「千島之國」聞名於世。印尼地處赤道線上，是一個充滿了熱帶風情的國度：廣闊的雨林、神祕的火山、千姿百態的海底珊瑚和熱帶魚，以及一年中雷雨日達332天的「世界雷雨之都」：茂物。所以，人稱印尼有五「多」：島多、海多、火山多、雷雨多、植物多。

國 家 檔 案

全名	**印度尼西亞共和國**
面積	陸地面積190.44萬平方公里，海洋面積316.62萬平方公里
首都	雅加達
人口	2.61億（2016年）
民族	有100多個民族，其中爪哇族占45%、巽他族占14%、馬都拉族占7.5%
語言	各民族語言達200多種，通用印尼語
貨幣	印尼盾
主要城市	雅加達、泗水、萬隆、棉蘭、三寶瓏

歷史文化

梭羅河兩岸土地肥沃，河上交通便利，從遠古時候起，印尼民族的祖先，就在梭羅河旁勞動、生息。日夜奔騰的梭羅河是印尼古老悠久歷史文化的見證。人類最古老的居住地之一的印尼，有興有衰，從東南亞繁盛的封建國，到殖民主義鐵蹄的踐踏，都過去了。興衰榮辱際遇已遠去，遠古的掙扎吶喊聲似乎還在耳畔響起，而今看到的是長久以來歷史文化的積澱與顯現，是多種文化交融的載體——傳統的印尼風情。

峇里島

峇里島現在是印尼一萬多個島嶼中獨具特色的一座藝術之島。峇里島人喜歡雕刻、歌唱、舞蹈。峇里人的舞蹈，講究手和指尖的動作。舞技精湛者，大都從小在名師指導下刻苦訓練而成。全島流行的「獅子舞」，舞蹈需模仿獅子的呼嘯和各種動作，難度極大；「鳥舞」也講究模仿。此外，充滿諷刺情調的舞蹈也為峇里人所喜愛，一群插科打諢者常演得非常滑稽、幽默，使人捧腹大笑。

千島之國

印尼全境島群分為4組，大巽他群島、努沙登加拉群島、馬魯古群島和伊里安查亞島。其中，面積居世界前13位的大島有5個，即伊里安島（東半部屬巴布亞紐幾內亞）、加里曼丹島、蘇門答臘島、蘇拉威西島和爪哇島，合占印尼國土面積的92%。

火山之國

印尼是世界活火山最多的國家，被稱為「火山之國」。全境共有400多座火山，其中活火山77座，以爪哇與蘇門答臘兩島最多。火山噴出物在蘇門答臘以酸性居多，爪哇以基性為主，適於農作物生長。

主要城市

印尼的都市大部分分布在沿海一帶，而且多為重要的港口和貿易中心，如爪哇人口主要集中在北部平原，較大的都市也多在北岸。印尼有很多文化古都，有很多名勝古蹟，眾多的城市風景秀麗，氣候宜人，是理想的旅遊和最佳的避暑勝地，多數城市的發展已趨歐化。

島國京都：雅加達

印尼首都雅加達位於爪哇島西北部沿岸，由於地處赤道附近，陽光充足，雨量充沛，終年鮮花盛開，綠樹成陰，是一座充滿熱帶風情的美麗的城市。雅加達是全國的政治、經濟中心，是印尼的海陸空交通樞紐，也是亞洲南部與大洋洲的航運中

峇里島的風情多姿多彩，是世界遊客嚮往的地方。圖片中穿著色彩豔麗的服飾的人物就來自峇里島。

首都雅加達是東南亞首屈一指的特大城市，全國最大的工商業、文化、交通中心。昔日舊城在北面，近海為繁華的商業區，國家財政金融中心中樞所在，現代化新城在南面，為行政和文化中心、住宅區。

印尼是東南亞最大的石油生產國家,其生產重心在蘇門答臘島東部、以及其向外延伸的淺海大陸架上。這裡擁有全國最大的米納斯油田,油質優良,有「芳香原油」之美名。印尼在出口原油的同時,還建立了比較發達的煉油、石油化工和液化天然氣工業。

Travel Smart

鐵路 ┃ 水運 ┃ 海嘯 ┃ 航空

1. 印尼鐵路總長4,644公里,其中爪哇島以客運為主;蘇門答臘島以貨運為主。2005年客運發送量達1.51億人次,貨運發送量達1,734萬噸。

2. 水運是印尼最重要的運輸手段。全國有各類港口604個,河運、海運船隻近6,600艘。主要港口有雅加達的丹戎不碌國際港口、泗水的丹戎佩拉和棉蘭的勿老灣。

3. 2004年底,印尼大部分地區受到海嘯襲擊,海嘯造成數十萬人死亡,上萬人流離失所。

4. 印尼近年來空運發展迅速,鷹記航空公司為最大的航空公司,其次為鴿記航空公司、辛巴迪航空公司,均經營國內國際航線。全國有190個民用機場,6個可降寬體客機。雅加達附近的蘇加諾－哈達機場為國內最大的機場。

心。數條鐵路和公路在這裡匯合。鐵路把雅加達與茂物、萬隆、井里汶、三寶瓏等大城市連接起來,並且很多鐵路已實現電氣化。雅加達也是全國的文化中心。

💰 經濟

印尼擁有良好的自然資源和人力資源,但由於長期殖民統治,受外國資本多方盤剝,獨立初期政局不穩,因此,經濟發展緩慢。1968年以來,特別是20世紀80年代調整經濟結構後,經濟發展取得一定成就。

個體經營為主的漁業

印尼有漫長的海岸線和廣闊的海域,水產資源非常豐富,在江河、湖泊、沼澤和溝渠中也有大量的魚類。但印尼的漁業產量增長相當慢,漁業90%由個體漁民經營,捕魚技術落後。為了保護傳統漁民的正常生產和漁業資源,1980年起印尼禁止在近海使用拖網船捕魚。近年來,由於推廣使用機動船機械化捕魚,產量不斷增長。在爪哇、蘇門答臘、蘇拉威西各島周圍主要捕撈金槍魚,在蘇拉威西島和摩鹿加群島則盛行捕海參。在布頓島有很大的珍珠養殖場。

東方最大的石油生產國之一

20世紀以來,印尼一直是東方最大的石油生產國之一。印尼原油儲量豐富,估計探明儲量為47.2億桶,占世界估計探明儲量的1%。油氣田分布很廣,從陸地到海上遍布各主要區域,其中北干巴魯油田儲量達7億噸,屬世界上特大油田之列;位於蘇門答臘的米納斯油田年產量占全國的1/4。並且,印尼的石油油質優良,含硫率低,有「芳香原油」美稱,在國際市場上競爭力較強。

吉爾吉斯

KYRGYZSTAN
Кыргыз Республикасы

吉爾吉斯位於中亞的東南部，東面和東南面與中國的新疆相鄰，北面與哈薩克接壤，西面與烏茲別克相連，西面和南面同塔吉克毗鄰。吉爾吉斯是一個山地國家，地形主要由山地、谷地和盆地構成。全境一半以上地區海拔1,000公尺～3,000公尺，約有1/3地區海拔3,000公尺～4,000公尺。東北部為天山山脈西段，西南部為帕米爾－阿賴山脈。邊緣有谷地和山間盆地。境內到處可見山地牧場，素有「牧場之國」和「山地之國」之稱。

國家檔案

全名	吉爾吉斯共和國
面積	19.85萬平方公里
首都	比斯凱克
人口	598萬（2016年）
民族	有80多個民族，其中吉爾吉斯族占65%，烏茲別克族占14%，俄羅斯族占12.5%，其他有東干族、烏克蘭族、朝鮮族等
語言	國語為吉爾吉斯語，俄語為官方語言
貨幣	索姆
主要城市	比斯凱克

國家的形成

西元前7世紀～西元前6世紀，吉爾吉斯境內出現階級社會。6世紀～8世紀有了早期的封建國家突厥汗國。13世紀為蒙古韃靼人征服。15世紀下半葉基本形成吉爾吉斯部族。16世紀被迫自葉尼塞河上游遷居至現在的居住地。從19世紀中期起，吉爾吉斯成了俄國的殖民地。1917年革命後，為土耳其斯坦蘇維埃社會主義自治共和國的一部分。1924年～1926年為俄羅斯聯邦的一部分，1926年獲得自治，1936年12月5日成為蘇聯一個加盟共和國。根據1990年10月30日通過的聯邦法律，該共和國宣布為主權國家。1991年8月31日，吉爾吉斯脫離蘇聯，宣布獨立。

首都比斯凱克

比斯凱克（1991年前稱「伏龍芝」）是吉爾吉斯共和國的首都，是政治、經濟、交通、科學和文化中心。位於阿拉套山腳下、楚河谷地中央，四周群山環繞，雪峰依稀可見。該城始建於1852年。城市海拔高度為750公尺，屬大陸性氣候，日照充分，年平均溫度約為10℃。阿拉爾恰、阿拉梅金及楚河大水渠流經市區。

塔吉克

TAJIKISTAN
Чумхурии Точикистон

塔吉克位於帕米爾高原北側，亞歐大陸的中心，中亞地區東南部。東部和東南部與新疆接壤。南部與阿富汗相鄰，東北與吉爾吉斯接壤，西部和西北部與烏茲別克交界。境內90%以上是山地，有「高山國」之稱，無海拔低於500公尺的地區，其中1/2地區海拔在3,000公尺以上。北部的費爾干納盆地西緣、西南部的吉薩爾谷地和瓦赫什谷地地勢較低，東南部是帕米爾高原。

塔吉克是信仰伊斯蘭教的國家，在首都杜尚貝，眾多穆斯林在齋月期間舉行的儀式上祈禱。

塔吉克國家的誕生

塔吉克族是中亞一個古老民族，西元前329年被馬其頓國王亞歷山大所征服。從西元前3世紀起，併入希臘－巴克達利亞王國和貴霜王國。9世紀，塔吉克人建立了歷史上第一個以布哈拉為首都、幅員遼闊且國力強盛的薩馬尼德王朝，塔吉克民族的文化與風俗習慣，正是在這段歷史時期所形成的。13世紀被蒙古韃靼人征服。16世紀起，加入布哈拉汗國。1918年建立蘇維埃政權。1929年10月16日，成立塔吉克蘇維埃社會主義共和國，並加入蘇聯。1990年9月9日宣布獨立，12月加入獨立國協。獨立後各種政治、宗教、地方利益集團的衝突激烈。1992年3月塔爆發內戰。同年11月，當時的庫利亞布州蘇維埃執委會主席拉赫莫諾夫當選為共和國最高蘇維埃主席，成為事實上的國家元首。1994年11月6日，拉赫莫諾夫在全民選舉中獲勝，就任共和國總統。1999年9月再次蟬聯總統。

首都杜尚貝

杜尚貝位於塔吉克西南部的吉薩爾谷地，杜尚貝河從城南10公里處流過。整個塔吉克是個高山國，唯有此地海拔較低，居於河谷地帶。市內有林蔭大道、大型公共建築以及一些廣場和公園。大部分建築為平房，以防地震。杜尚貝雖四邊為高山包圍，但交通還比較暢通便利。杜尚貝是塔吉克的工業中心，在1925年以前只是個村莊，後因共和國遷都於此才發展起來。

國家檔案

全名	塔吉克共和國
面積	14.31萬平方公里
首都	杜尚貝
人口	833萬（2016年）
民族	塔吉克族占70.5%，烏茲別克族占26.5%，俄羅斯族占0.32%，此外還有韃靼、吉爾吉斯、烏克蘭、土庫曼、亞美尼亞等民族
語言	官方語言為塔吉克語（屬印歐語系伊朗語族），俄語為族際交流語言
貨幣	索莫尼
主要城市	杜尚貝、苦盞

塔吉克歷史悠久，有許多中世紀的古蹟，哈茲拉提－巴巴的陵墓是著名的旅遊景點。

烏茲別克 *UZBEKISTAN*

O'zbekiston Respublikasi

烏茲別克位於中亞地區的南部，南部與阿富汗交界，東北和東南面與吉爾吉斯和塔吉克接壤，西部與土庫曼毗鄰。它是人口最多的中亞國家，蘊藏有豐富的自然資源，擁有撒馬爾罕、布哈拉、希瓦、塔什干等古代穆斯林城市。烏茲別克境內地勢崎嶇。東、南部為天山山系和吉薩爾－阿賴山系西緣的支脈及山前地帶。中、西部為圖蘭平原，大部分土地為沙漠所覆蓋。河流均為內流河，主要河流是阿姆河、錫爾河，沿岸有一系列綠洲分布。

國 家 檔 案

全名	**烏茲別克共和國**
面積	44.74萬平方公里
首都	塔什干
人口	3,180萬（2016年）
民族	境內有129個民族，其中烏茲別克族占78.8%
語言	烏茲別克語
貨幣	索姆
主要城市	塔什干、布哈　拉、納沃伊

分布不均勻的河川

烏茲別克河川分布極不平衡，河道網部分屬於內河流域。荒漠平原區水量極端缺乏，主要水源是深層潛水。河流多以冰川為水源，每年有兩次洪水期，第一次是由於山坡下部的積雪融化，第二次是由更高處的積雪連同高山地帶的冰川融解造成的。烏茲別克山區的河流最多。阿姆河和錫爾河是烏茲別克的最大河流。阿姆河下游流經烏茲別克。錫爾河由納倫河與卡拉干達河在費爾干納盆地匯合而成。此外還有許多短小的河流，由於灌溉土地而乾涸。

烏茲別克國家的誕生

西元前8世紀，這裡建立了古老的巴克達利亞王國、花剌子模國、索格迪亞納國和安息國。在西元前3世紀～西元前2世紀時，一度歸塞琉古王朝和希臘－巴克達利亞王國統治。烏茲別克民族形成於西元9世紀～11世紀，13世紀被蒙古人征服。1917年烏茲別克人民參加了十月社會主義革命，並於1917年11月至1918年3月建立蘇維埃政權，其大部分領土併入當時的土耳其斯坦蘇維埃社會主義共和國。1924年10月27日成立烏茲別克蘇維埃社會主義共和國，並加入蘇聯。1991年8月31日，烏最高蘇維埃通過國家獨立法宣布獨立，並把9月1日定為獨立日。

烏茲別克是一個多民族的國家，其中烏茲別克人以肉、大米和麵粉為主要食物。

民情風俗

烏茲別克人大多能歌善舞，舞蹈以優美輕快、多變、節奏性強為特色。烏茲別克人信仰伊斯蘭教，多食牛、羊、馬肉和乳製品。日常飲食離不開饢（類似新疆的發麵餅）和茶。烏茲別克的主要傳統節日是伊斯蘭教的開齋節、古爾邦節和烏茲別克自己的農曆新年（納瓦肉孜節）。根據《可蘭經》的記載確定每年齋月的日期，封齋的一個月裡，太陽升起後到落山以前不能進食，齋月過後的3天為開齋節，在這3天裡人們可以盡情享受各種美味佳餚。古爾邦節一般在開齋節後40天左右，在這一天一定要殺一頭羊，還有不少虔誠的烏茲別克人在這一天到麥加朝聖。納瓦肉孜節是為了慶祝春耕，過節時要喝一種加油和糖的麥芽粥，各種慶祝活動可以持續一個月左右。

中亞名城塔什干

烏茲別克是一個中等面積的國家，除首都外其城市規模都不大，但都具有古老的歷史，很多是絲綢之路所經的名城。城市內舊城的遺跡與新城的現代化同時存在，很多穆斯林古蹟都具有極高的遊覽價值。塔什干是烏茲別克共和國首都和塔什干州首府，位於東北部，是全國的政治、經濟、文化和交通中心。按人口數量，塔什干是中亞最大的城市，也是獨立國協內僅次於莫斯科、聖彼得堡、基輔的第四大城市。塔什干號稱有2,000多年歷史，有文獻記載的歷史達1,500多年，8世紀開始成為穆斯林城市，是古「絲綢之路」上重要的商業樞紐之一。塔什干公路、鐵路、航空運輸發達，為中亞最大交通樞紐之一。

經濟

烏茲別克的經濟在中亞地區算是比較發達。國民經濟的支柱產業是「四金」：黃金、「白金」（棉花）、「烏金」（石油）、「藍金」（天然氣）。自1985年實行改革以來，烏茲別克在傳統經濟結構基礎上，一直保持著低速發展，也是蘇聯各共和國中產值和國民收入在1990年唯一一個沒有下降的共和國。烏茲別克獨立後的經濟積極地向市場經濟轉變，對國有企業進行了私有化和非國有化轉制，積極發展中小企業。其中一個引人注目的方面是，政府一直未放鬆國家對經濟的宏觀控制和調節，這是與中亞有些國家的改革的不同之處。

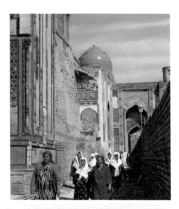

上 ┃ 撒馬爾罕作為烏茲別克的文化中心，這裡的古蹟遍布整個城區。沙赫金達的古墓群中，有很多陵墓都是五光十色、式樣優美，這些絢爛多姿的建築是撒馬爾罕的驕傲。

下 ┃ 布哈拉城內有各個王朝修建的宮殿、清真寺等，被稱為「博物館城」

土庫曼

TURKMENISTAN

Türkmenistan

土庫曼位於中亞的西南部，是一個內陸國家。北部與東北部與哈薩克、烏茲別克接壤，西瀕裏海與亞塞拜然和俄羅斯相望，南鄰伊朗，東南部與阿富汗交界。境內地勢低平，約**80%**的土地被沙漠覆蓋。世界著名的卡拉庫姆沙漠在中部延伸，南部有山脈分布。全境屬於大陸性氣候，為世界上最乾旱的地區之一。資源較為豐富，境內有大量的石油、天然氣以及硫磺、鉀鹽、重晶石等。

土庫曼大多數居民信仰伊斯蘭教，國內有許多著名的清真寺。首都的大清真寺是在原來的基礎上重建而成，其內部富麗堂皇，在阿什哈巴特幾乎沒有真正的古蹟，這裡便成了人們祈禱的場所。

國家檔案

全名	土庫曼共和國
面積	49.12萬平方公里
首都	阿什巴特
人口	529萬（2016年）
民族	土庫曼族占77%，烏茲別克族占9.2%，俄羅斯族占3%，哈薩克人占2%，亞美尼亞人占0.8%，此外還有亞塞拜然族等100多個少數民族
語言	土庫曼語為官方語言，俄語為通用語
貨幣	馬納特
主要城市	阿什哈巴特、土庫曼納巴特（原稱查爾朱）

卡拉庫姆沙漠

土庫曼境內沙漠占總面積的80%左右，有「沙漠牧場」之稱。卡拉庫姆沙漠位於土庫曼境內的中部，北接薩哈雷卡梅什窪地，南沿科佩特山麓延伸，東以阿姆河為界，西達烏茲別克，是世界第四大沙漠。沙漠表面風蝕強烈，多沙壟和新月型沙丘，廣布龜裂土和鹽沼。沙漠土壤是灰鈣土，經長期灌溉可成良田。卡拉庫姆運河灌溉沙漠南部和科佩特山麓地帶，綠洲上種植優質長絨棉。卡拉庫姆沙漠屬大陸性氣候，夏季漫長炎熱，冬季溫和乾燥，春秋兩季有陣雨。

梅爾夫是中亞地區絲綢之路沿線最古老、保存最完好的綠洲城市。

庫涅－烏爾根奇古蹟區

庫涅－烏爾根奇古蹟區位於塔沙烏茲州，是古代花剌子模首都古烏爾根奇的廢墟，其建築遺址是中亞西亞著名的古蹟。其中最有價值的是建於7世紀的舍伊－舍列法陵墓、14世紀的秋拉別克－哈努伊陵墓、以及14世紀著名的建築庫涅－烏爾根奇方尖塔。該塔在古建築中最具特色，它是一個圓錐形建築，高達62公尺，塔內有梯子盤旋而上。陵墓的門飾花紋，雕刻技藝精湛，堪稱古代藝術精品。

土庫曼國家的形成

西元前6世紀～4世紀，土庫曼為伊朗阿契米尼德王朝和馬其頓王亞歷山大所統治。歷史上波斯人、馬其頓人、突厥人、阿拉伯人、蒙古韃靼人曾在此建立過國家。15世紀基本形成土庫曼民族。19世紀60年代末和80年代中，部分領土併入俄國（外裏海州）。1917年12月建立蘇維埃政權。1924年10月27日成立土庫曼蘇維埃社會主義共和國並加入蘇聯。1991年10月27日宣布獨立，改國名為土庫曼。1992年3月2日加入聯合國。1995年12月12日，第50屆聯大通過決議，承認其為永久中立國。

風俗習慣

土庫曼人基本穿現代服裝，但傳統的男式長袍依然時興。夏天帶繡花小帽，冬天帶羊羔皮帽。婦女流行穿本民族的短袖紅色絲綢長衫、瘦腿褲，紮綢子或毛料頭巾，戴胸飾、耳環和手鐲。另外，土庫曼人精於手

阿什哈巴特市中心所有的建築物表面全部由白色大理石覆蓋，讓人為之心動。圖為總統府的頂部。

工地毯的編織。地毯是土庫曼牧民們不可缺少的生活用品。在部分土庫曼人居住的地方，還保留了一些住房密集的古老村莊。這種村莊的布局是村中廣場周圍的集會式建築。新居民點的布局是街巷式的建築。室內的取暖方法很特別：在地上挖個坑，安上火盆。每戶莊院按穆斯林習慣用很高的泥土牆圍起來。

阿什哈巴特

首都阿什哈巴特市位於土南部卡拉庫姆沙漠和科佩特山交界處。阿什哈巴特一詞最早見於19世紀中葉的歷史文獻，意為「愛之城」，當時為土庫曼人的城堡。1991年土庫曼獨立後，作為國家首都和政治、經濟、文化中心，興修了總統府、議會大廈、國際機場、中立門等大型設施，城市面貌發生了很大變化。

在中亞，阿什哈巴特是相對比較年輕的城市，僅有100多年的歷史。這座1899年落成後又重建的歷史博物館就是該城歷史的全面體現。

哈薩克

KAZAKSTAN
Қазақстан Республикасы

哈薩克位於亞洲中部，是世界上最大的內陸國，全境東西長約3,000公里，南北寬約1,700公里，國土面積多為平原和低地。東部和東南部地勢稍高，以阿爾泰山脈和天山山脈為屏障；西部沿裏海地區有一片開闊地帶；北部接近西西伯利亞平原；中部地區為哈薩克丘陵。荒漠和半荒漠占領土面積的60%。全境屬於大陸性氣候。

哈薩克東南部的風景十分優美，圖為中國和哈薩克的界河哈巴河。

國家檔案

全名	哈薩克共和國
面積	72.49萬平方公里
首都	阿斯塔納
人口	1,773萬（2016年）
民族	哈薩克族（58.6%）、俄羅斯族（26.1%）、日耳曼族、烏克蘭族、烏茲別克、維吾爾和韃靼族等131個民族
語言	哈薩克語為國語，俄語在國家機關、地方自治機關與哈薩克語同為正式使用的語言
貨幣	哈薩克堅戈
主要城市	阿斯塔納、阿拉木圖

🌍 自然地理

哈薩克共和國位於亞洲中部，西瀕裏海，北部與俄羅斯相接，東北至阿爾泰山脈，東部和南部依次與中國、吉爾吉斯、烏茲別克、土庫曼接壤。國土面積十分遼闊，而且擁有十分豐富的自然資源。眾多的河流湖泊在平原低地中蜿蜒曲折。雖然目前經濟仍然很落後，但是，生活在這片土地上的100多個民族，正在努力改變這一切。

哈薩克多河流和雪山，遠處的雪山和湛藍的湖水勾勒出美麗的自然風光。

豐富的自然資源

哈薩克境內礦藏資源十分豐富，已發現的有90多種。銅、鉛、鋅、鉻等有色金屬的儲量在獨立國協國家占首位，鐵礦的工業儲量占第三位。重要的礦藏有：阿克托別州的銅，中部的鈦、錳和銻，南部的釩，卡拉甘達、圖瓦、埃斯巴斯圖茲和邁丘邊的煤，曼格什拉克半島和裏海低地的石油和天然氣。哈薩克的礦種多，儲量大，品位高，尤以磷灰石礦為最，有「磷的王國」之稱。

阿拉木圖是一座美麗的城市，市中心廣場前的思考者銅像，顯示出哈薩克人的智慧和雕塑藝術。

🏛 歷史文化

哈薩克12世紀～13世紀先後被契丹人和成吉思汗大軍征服，19世紀中葉又被俄國占領和統治，十月革命後作為蘇聯的加盟國而存在，其真正獨立的時間並不長。哈薩克在突厥語中的意思是「自由之式的國家」，這也許正是現在的哈薩克人最真實的聲音。

哈薩克人民的「馬背」情結

哈薩克人無論男女都擅長騎術。他們一生中大部分時間都是在馬背上度過的。哈薩克人遊牧生活的特點決定了他們在夏天要逐水草而居，而在冬天要相對地定居在草泥結構的土屋裡。因此，哈薩克人生活中有許多習俗和民間節日都與騎馬有緊密的聯繫。在民間的牧羊節和開春節等節日，都要舉行騎術比賽和騎馬叼羊比賽。馬鞭是相互贈送並表達特殊意義的禮物。長輩給兒孫贈送馬鞭表示兒孫們已經成人，可以開始獨立的生活。

哈薩克的獨立

1990年10月25日，哈薩克最高蘇維埃通過了國家主權宣言。1991年12月1日在全民選舉中，努爾·納札爾巴耶夫任總統。1991年12月10日，哈薩克最高蘇維埃做出決定，將哈薩克蘇維埃社會主義共和國改名為哈薩克共和國，同年12月16日宣布獨立，12月21日以創始國身分加入獨立國家國協。1994年3月7日哈薩克舉行了獨立後首次多黨議會選舉，努爾·納札爾巴耶夫和他的支持者再次獲勝。1995年12月5日和6日，哈薩克舉行了獨立以來的第一次兩院制的議會選舉。

🏛 主要城市

哈薩克的城市大多面積寬廣，河流湖泊點綴其中。1997年的遷都是為了經濟發展的需要，也是促進民族融合的體現。遷都不會限制和影響某一地區原有的繁榮，只會帶動和促進更多城市的共同繁榮。哈薩克人正在用自己的勤勞和努力建設這個自由和平的國家。

新建首都阿斯塔納

阿斯塔納位於哈薩克中心位置而略偏北，伊希姆河繞城而過，四季氣候宜人，生態環境良好。它是哈薩克工

阿拉木圖最大的東正教堂，始建於1907年，全部是木結構，據說是世界木結構建築物中高度居於第二位的教堂。

農業的主要生產基地、全國鐵路交通樞紐。阿斯塔納文化教育事業發達，建有各種研究所和師範、農業、醫學等高等院校。工業以農業機械製造業為主。

1994年7月6日，哈薩克總統納札爾巴耶夫向議會提出，將哈薩克首都從阿拉木圖遷至阿斯塔納。遷都的原因是：阿斯塔納從地理位置上，位於哈薩克的中部，靠近主要的經濟區，並且位於主要交通幹線的中心；哈薩克地處歐亞接合處，將首都北移有利於發揮地緣優勢，提高哈薩克在本地區及世界舞台的地位，並逐漸改變目

前生產力在全國分布不均衡的局面；遷都還有利於哈薩克境內的民族融合，可以帶動大量哈薩克人從南部向俄羅斯族占多數的中北部遷移，改變那裡的民族構成，有利於國家的統一。

1997年12月，哈薩克正式遷都。哈薩克共和國國旗，在阿拉木圖北方1,000公里的阿斯塔納的新總統府升起。

第一大城阿拉木圖

阿拉木圖是哈薩克的政治、經濟、文化中心，位於外伊犁阿拉套山脈北麓。阿拉木圖原是哈薩克人的一個居住點，1854年沙皇軍隊在這裡建立了一個軍事堡壘，名叫「外伊犁」，後改名為維爾納。阿拉木圖交通便利，也是重要的國際航空港。阿拉木圖是一座美麗的城市，寬闊的綠色林蔭大道東西、南北各長20多公里，阿拉木圖也是重要的旅遊勝地和體育中心。

第二大城卡拉干達

卡拉干達位於卡拉干達煤田中部，是哈薩克第二大城市。1931年隨著鐵路通車得到迅速發展。1972年修建了額爾濟斯—卡拉干達運河，以解決供水問題。城市由幾十個分散的居民區組成。舊城是早年自然形成的，包括20多個煤礦居民區；南面的新城於1934年開始興建，為文化和行政中心。

圖為阿斯塔納的共和廣場，國家領導人檢閱軍隊和遊行隊伍都在此舉行。

哈薩克西北部地區以產石油而聞名，這裡已成為各石油公司在裏海開採石油的大本營。

經濟

哈薩克正從一個遊牧畜牧業占優勢的國家，變成為一個多種工業迅速發展、以及農牧業高度機械化的國家，並形成了多種成分的國家經濟綜合體。工業生產以石油、採礦、煤炭為主，加工工業、機器製造業和輕工業相對落後。大部分日用消費品依靠進口。國家不斷擴大對外經濟活動，積極尋求國外投資，建立國家的黃金、金剛石和外匯儲備，將開採和加工石油列為哈薩克經濟興衰的大事，不斷學習外國的先進經驗和做法，振興本國經濟。

石油工業

石油工業是哈薩克的支柱產業。獨立後，哈薩克決定走「石油富國」之路，充分發揮本國的油氣資源優勢，借助外國資本，優先發展石油工業，以能源出口啟動經濟，並提出了長遠的經濟發展戰略，即到2030年，要使哈薩克成為世界十大石油輸出國之一。哈薩克是中亞重要油氣產區。它的西部曼格什拉克半島、烏拉爾－恩巴油田和布札奇半島是著名石油產區；在裏海低地從伏爾加河至東部地區綿延約1,000多公里長的地區，蘊藏著十分豐富的油氣資源。哈薩克的石油工業從1911年發現多索爾等油礦後開始逐漸發展起來。獨立前總體發展緩慢，獨立後石油工業進入一個新的發展時期，走上了「石油富國」的道路。

有色金屬工業

有色金屬工業是哈薩克國民經濟的主導部門。東哈薩克的阿爾泰山是有色金屬最集中的產地，素有「有色金屬寶庫」之稱，以鉛、鋅聞名。哈薩克有色金屬工業現已發展成為一個從採、選、冶到製成品的工業部門，擁有一批技術先進、生產能力強和工藝水準高，能從多種金屬礦中提取各種稀有金屬的大型聯合企業。產品遠銷世界30多個國家。

發達的農牧業

哈薩克的農牧業發達，擁有大量的農業用地。穀物占農業總產值的2/3，主要種植區在北部，南部種植水果、蔬菜等。糧食產量在1979年創造歷史最高記錄。近年來，隨著專業分工的發展，農業的機械化水準得到不斷提高。

亞美尼亞

ARMENIA

Հայաստանի Հանրապետություն

亞美尼亞是位於外高加索山脈的內陸國，原為蘇聯面積最小的共和國。西面與土耳其接壤，南與伊朗交界，北與喬治亞相鄰，東面與亞塞拜然交界。亞美尼亞為副熱帶氣候，氣溫和降水垂直變化明顯，土壤和植被都具有高山地帶的特點。在蘇聯的所有加盟共和國中，它第一個把基督教定為國教。亞美尼亞現致力於發展同獨立國協國家的關係，並著手進行包括私有化在內的激進經濟改革。

葉里溫的房屋主要用各種顏色的玄武岩和凝灰岩建造，現代樓房則用傳統的石雕裝飾。

國 家 檔 案

全名	亞美尼亞共和國
面積	2.98萬平方公里
首都	葉里溫
人口	305萬（2016年7月）
民族	亞美尼亞族人占96%，其他民族有俄羅斯、烏克蘭、亞述、希臘等
語言	官方語言為亞美尼亞語，居民通曉俄語
貨幣	德拉姆
主要城市	久姆里、基洛瓦坎

山原內陸的自然環境

亞美尼亞是個內陸山國，夾在小亞細亞和伊朗兩個山地之間。北部和東部是小高加索山脈，其餘為高原，全境90%以上地區在海拔1,000公尺以上，平均高度為1,800公尺。除高原外，亞美尼亞境內還有少量的平原和湖泊凹地。塞凡湖為世界最大的高原湖之一，距葉里溫60公里，湖面面積為1,262平方公里，水深達80公尺，湖水清澈透明。湖區夏季氣溫21℃，冬季很少結冰。湖畔有秀麗景觀和歷史遺跡，是著名的風景區和高山療養區。

外高加索著名古城葉里溫

葉里溫是亞美尼亞共和國首都，坐落於阿拉特平原拉茲丹河畔。其歷史可追溯到西元前7世紀，是亞美尼亞最古老的城市之一。葉里溫是外高加索重要的工業、交通中心，市內主要建築物都是用亞美尼亞開採的石頭砌造而成，構造巧奪天工，基本上都是玫瑰色的凝灰岩，淡淡的顏色搭配，為這座城市增添了許多地方色彩。

在慶祝基督教成為亞美尼亞國教1,700週年的紀念儀式中，有370名不同年齡的人在亞美尼亞教堂接受了洗禮和按手禮。

亞塞拜然

AZERBAIJAN
Azərbaycan Respublikası

亞洲

亞塞拜然位於裏海西岸，屬於亞洲西部國家，處於外高加索的東南部，東臨裏海，北靠俄羅斯，西部和西北部與亞美尼亞、喬治亞為鄰，南部與伊朗交界。湖岸線長713公里。氣候呈多樣化特徵。亞塞拜然是1991年第一個宣稱從蘇聯獨立出來的共和國。1993年，亞塞拜然和亞美尼亞因「納戈爾諾－卡拉巴赫地區」的糾紛爆發了全面戰爭，這場戰爭使亞塞拜然本來不太景氣的經濟雪上加霜。但它的石油依然是可以長期享用的潛在財富。

亞塞拜然的城市都是在蘇聯時期發展起來的，巴庫是著名的石油城和旅遊勝地。

國家檔案

全名	亞塞拜然共和國
面積	8.66萬平方公里
首都	巴庫
人口	976.2萬（2016年）
民族	亞塞拜然族占90.6%，其他為列茲根族、俄羅斯族和亞美尼亞族等43個民族
語言	官方語言為亞塞拜然語，屬突厥語族。居民多通曉俄語
貨幣	馬納特
主要城市	巴庫、占賈、蘇姆蓋特

亞塞拜然國家的誕生

10世紀初亞塞拜然出現了階級社會。11世紀～13世紀形成亞塞拜然部族。1917年成立蘇維埃政權。1918年～1920年俄國內戰時期，亞塞拜然、喬治亞和亞美尼亞的資產階級政黨聯合建立了「外高加索行政委員會」。此間，亞塞拜然的資產階級於1918年5月28日宣告成立「亞塞拜然民主共和國」。

1920年初，亞塞拜然恢復了蘇維埃政權，同年4月28日宣告成立「亞塞拜然蘇維埃社會主義共和國」。1922年，以外高加索蘇維埃社會主義聯邦共和國成員身分加入蘇聯。1936年改為直屬蘇聯的一個加盟共和國。1991年8月30日亞塞拜然共和國宣布獨立，同年12月21日加入獨立國家聯合體。

多山的自然環境

亞塞拜然境內山地占1/2，平原僅占領土的1/10，平均海拔2,500公尺。亞塞拜然北方為大高加索的東南部，南方為小高加索，其間為庫臨卡盆地。西南為中阿拉克辛盆地，盆地北部群山環抱，有達拉拉普亞茲山脈和贊格祖爾斯基山脈。東南為塔累什群山，最高點巴札爾迪聚山海拔4,466公尺。

多樣的氣候

亞塞拜然屬於副熱帶氣候。由於大高加索山脈擋住了北方的冷空氣，而且距離海洋較遠，所以全境氣候溫暖、乾燥。另外，由於亞塞拜然的地形複雜多樣和受裏海的影響，各地區的氣候類型也是多種多樣，既有乾燥和濕潤的副熱帶氣候，也有高原凍土帶氣候。可以把共和國分為9個氣候帶。中部和東部是乾燥的副熱帶氣候，冬溫夏熱，夏季最高溫度達43℃，年降水量200毫

米～300毫米；東南部面積不大的連科蘭低地屬半濕潤副熱帶氣候，雨量充沛，年降雨量達200毫米～400毫米。低窪地區平均氣溫：7月份為25℃～28℃，1月份為1.5℃～3℃；高山地區7月份平均氣溫為10℃，1月份平均氣溫達零下10℃。大高加索南坡年降水量豐沛，可達1,300毫米。

民情風俗

亞塞拜然人屬突厥語系的伊斯蘭民族。亞塞拜然服裝色彩豔麗，男人多穿肥大寬鬆長褲、緊身有褶長衣，婦女在豔麗的上衣外穿緊腰身、短下襬的有褶長裙。亞塞拜然至今還流傳著穆斯林的某些生活習俗。婦女早婚，16歲～19歲的已婚婦女所占比率，比獨立國協其他國家平均數高出一倍。在農村女孩子因結婚而輟學，家庭中對婦女的行為舉止管束較多，婦女結婚後一般留在家裡。亞塞拜然人疼愛孩子，尊敬老人、父母，鄰里相互幫助，家庭穩固，離婚率較低。

石油城巴庫

巴庫是亞塞拜然首都，是經濟、文化、政治中心，裏海西部的大港口。巴庫位於阿普歇倫半島的南部，是高加索地區最大的城市，也是著名的「石油城」。巴庫最初是靠在裏海開採石油發展起來的，多數居民從事的工作與油田有關，可以說「亞塞拜然的油井比村落還多」。另外，巴庫作為絲綢之路的中轉站也是古代商隊往來的地方。城牆圍繞的舊街市裡保留著伊斯蘭風格的清真寺、尖塔，它向人們訴說著當年的情景。巴庫在波斯語中是「風之城」的意思，正如這個名字所示，強勁的風從裏海吹來。氣候溫暖少雨，7月份平均氣溫26℃，即使冬天，氣溫也很少會降到零下。最佳的旅行季節是春季至秋季。

📖 **Travel Smart**

石油｜收入｜教育

1. 亞塞拜然石油和天然氣資源豐富，主要分布在阿普歇倫半島和裏海。石油探明儲量35億噸～40億噸。其石油具有雜質少等特點。

2. 2005年人均國民收入為1,517.6美元，人均月工資約為126美元。

3. 實行免費和收費兩種教育。教育體制分為學前教育、普通中小學教育、職業技術教育、中等專業教育、以及高等教育。

結構單一的經濟

亞塞拜然的經濟以重工業為主，輕工業、農業相對而言較為落後。石油工業是國民經濟的支柱產業，油、氣開採及煉油、石油化工等部門較發達。石油加工業主要在巴庫，其產值占整個工業總產值的2/3。受國際市場石油價格上漲以及國際、特別是獨立國協經濟好轉的雙重影響，亞塞拜然經濟恢復性增長明顯，但生產結構單一等問題仍未解決。輕工業有棉織、地毯織造、食品加工等部門。農業以種植業為主，占耕地面積2/3，重要產品有棉花、水果、麥類等，葡萄產量很高。

左｜眾多的古蹟為亞塞拜然增添了獨特的風采，高地錯落的古老山村更是別具魅力。

喬治亞 GEORGIA

საქართველო

喬治亞位於外高加索中西部。北接俄羅斯，東南和南部分別與亞塞拜然、亞美尼亞相鄰，西南與土耳其接壤，西鄰黑海。海岸線308公里。部分地區屬高山氣候，西部則屬副熱帶地中海氣候。境內2/3面積為山地。北部為大高加索山，南部是小高加索山，中部是低地、平原。主要河流有庫拉河、里奧尼河。喬治亞自然資源比較貧乏，主要礦產有煤、銅、多金屬礦石、重晶石。錳礦石儲量豐富，質地優良。水力資源豐富。森林面積占整個國家面積的39%。

國家檔案

全名	**喬治亞**
面積	6.97萬平方公里
首都	提比里斯
人口	371.9萬（2016年）
民族	喬治亞族占70.1%，亞美尼亞族占8.1%，俄羅斯族占 6.3%，亞塞拜然族占5.7%
語言	喬治亞語為官方語言，居民多通曉俄語
貨幣	拉里
主要城市	提比里斯、庫塔伊西、巴統

喬治亞國家的誕生

西元前6世紀，在現喬治亞境內建立了奴隸制的科爾希達王國。6世紀～10世紀基本形成喬治亞族。19世紀上半葉，喬治亞被沙皇俄國兼併。1921年2月25日成立蘇維埃社會主義共和國。1922年3月12日，喬治亞加入外高加索蘇維埃社會主義聯邦共和國，並於同年12月作為該聯邦成員加入蘇聯。1936年12月5日，喬治亞蘇維埃社會主義共和國改為直屬蘇聯，成為其加盟共和國之一。1991年4月9日正式宣布獨立。

民情風俗

喬治亞人的主要食物是烘烤的白麵包，質地柔軟，鮮香誘人。此外還有玉米麵包、羊肉餃子等。乾酪、烤羊肉串更是家常食品。飲料以茶為主。喬治亞人典型的服裝是：男人穿棉布和綢子

喬治亞的哥里市是史達林的出生地，史達林出生的建築已改建為史達林博物館。

縫製的深色短上衣，係銀色壓花窄皮帶，穿齊膝毛料外套，軟皮靴，戴小氊帽和長耳風帽。女人穿緊腰連衣裙，短上衣，穿上翹的尖頭平地皮鞋，戴三角形深色素花頭巾。但日常生活一般都穿現代服裝。

提比里斯

提比里斯在1845年～1936年間稱「第弗里斯」，是喬治亞首都，坐落於庫拉河畔。庫拉河把該市分為兩大城區，左岸為老城區，保存許多歷史古蹟，右岸為新城區。這是個具有現代化立體交通布局的城市，除鐵路、公路、航運和地鐵外，架空索道和纜索鐵道把地勢不平之地、及河兩岸的全城上下左右連成一體，成為山城的一大特色。市內保存有中世紀建築的城堡和教堂。庫拉河右岸山頂上聳立著「喬治亞母親」巨石塑像。該市西

北76公里處的哥里市是史達林的故鄉，有史達林故居、史達林紀念館和史達林全身塑像。

傳統農業強國

喬治亞是一個傳統的農業國家。獨立後致力於建立自由市場經濟，並在國際貨幣基金組織、世界銀行和歐美國家指導和經濟援助下進行經濟改革，利用地理優勢，把參加「歐亞運輸走廊計畫」，爭取裏海石油經巴庫－提比里斯－傑伊漢石油管道西輸，作為振興經濟的重要戰略。2000年，國內生產總值同比增長1.9%。工業、建築業生產略有恢復，對外貿易增長幅度較大，出口增長速度近年來首次超過進口速度。但財政入不敷出，債務沉重，嚴重依賴外援；國內經濟腐敗盛行，影子經濟猖獗，占到了經濟總量的40%。

提比里斯是一座歷史古城，也是一個充滿現代化氣息的城市。

提比里斯位於喬治亞東南部，庫拉河曲折蜿蜒，穿城而過。

Travel Smart

蘇呼米

蘇呼米是阿布哈茲自治共和國首府，已有2,500多年的歷史。它位於黑海東岸，三面環山，1月平均溫度5℃～6℃，7月平均溫度24℃。市內林木茂盛，花草遍地，在青山碧海之間建有許多療養所、療養院和賓館，是著名的旅遊和療養勝地。城市近郊保存有以統一喬治亞各公國的第一代皇帝巴格塔拉第三命名的城堡遺跡。離城4公里，有著名的克拉蘇里牆。牆高1.5公尺，是喬治亞古代防線，跨山越谷，蜿蜒綿亙，頗似中國的長城。離市中心6公里有別斯列卡拱橋，是11～12世紀喬治亞工程技術的典範。離此不遠的奧恰姆奇列區有洞窟群，其中最著名的時契婁洞，又稱阿勒拉斯基拉山洞，長達兩公里。達吉安尼王宮位於森林公園附近的祖格迪迪，它現在是歷史和人種志的博物館，其中多珍貴展品，如拿破崙私人物品，拿破崙的精緻肖像，僅存的拿破崙的3個護面具中的一個。建於1840年的蘇呼米植物園，占地7公頃，內有副熱帶的各種植物。

馬爾地夫 *MALDIVES*

馬爾地夫是印度洋上的群島國家，是世界上最大的珊瑚島國，領土由26組自然環礁、1,190個珊瑚島組成，其中只有199個島嶼有人居住。這些島嶼地勢低平，宛如散落印度洋的一串珍珠項鏈。國土上沒有河流，但地下水豐富，可掘井取水。馬爾地夫經濟比較落後，但是近年來經濟發展較快。國民經濟主要有三大支柱產業：旅遊業、航運業和漁業。漁業曾是最大的經濟部門，旅遊業後來居上，成為第一大產業。

古老的首都馬律

馬律市地理位置優越，早在古代和中世紀就成為要塞，那時留下的堡壘，至今還矗立在這個海港城市中。馬律市就像一個大花園，街道是由壓碎了的珊瑚建成的，上面鋪有一層細沙，顯得清爽而潔淨。城內有35座清真寺，其雄偉的尖塔，使這個城市的風光顯得別具一格。由於馬律市是「開放港口」，外國商品在這裡可以免征關稅，因此，馬律市大大小小的商店裡，商品琳琅滿目。

20世紀60年代獨立的國家

西元前5世紀，印度大陸上的雅利安人渡海來此定居。1116年建立伊斯蘭教蘇丹國家，經歷了6個封建王朝統治。1558年淪為葡萄牙殖民地。18世紀後，荷蘭、英國殖民者先後入侵，1887年成為英國附屬國。1965年馬爾地夫獨立。1968年11月11日成立共和國，實行總統制。1985年正式成為大英國協成員國。

*編按：馬爾地夫已於2016年10月14日宣布退出大英國協。

珊瑚之國

馬爾地夫被稱為印度洋上人間最後的樂園。其最吸引人的資源是由珊瑚礁形成的島嶼。距離近的島嶼，乘遊艇便可到達。較遠的島嶼需

Travel Smart

美麗的海島傳說

創世紀時，上帝開天闢地之後在印度洋上灑落了花環般的美地，那就是馬爾地夫。這個地平線上的最後樂園，擁有伊甸園般的景致，它以藍綠交織的海域、繽紛多彩的魚群、璀璨奪目的珊瑚礁石、和愜意誘人的椰林沙灘吸引著人們的到訪。由於觀光業在許多人跡罕至的小島上蓬勃發展，因此形成此地一島一飯店的特色，這些充滿浪漫色彩的渡假島嶼有70多座，每個島嶼及飯店皆有獨特的風格。這些飯店以海面的優勢及隱密的空間設計贏得了「蜜月天堂」的美稱。

國家檔案

全名	馬爾地夫共和國
面積	9萬平方公里（含領海面積，陸地面積298平方公里）
首都	馬律
人口	36.9萬（2016年）
民族	均為馬爾地夫族
語言	民族和官方語言為迪維希語，教育和對外交往中廣泛使用英語
貨幣	盧非亞
主要城市	馬律

乘水上飛機。潛水、風帆、釣魚、日光浴、參觀其他小島等活動，都讓遊客們樂而忘返。

馬爾地夫景色優美，是旅遊者心中的天堂。

斯里蘭卡

SRI LANKA

ශ්‍රී ලංකා ප්‍රජාතාන්ත්‍රික සමාජවාදී ජනරජය

斯里蘭卡是南亞次大陸南端印度洋上的島國，西北隔保克海峽與印度半島相望。斯里蘭卡處在連接非洲、歐洲、中東和西太平洋的海上交通要道，是印度洋東西航運的必經之道，海岸線長1,200公里。地形以平原為主，約占國土的80%。中、南部為高原山地，最高峰皮杜魯塔拉格勒山海拔2,524公尺；亞當峰為全國第二高峰，是宗教和旅遊勝地。河流以中央高地為中心，呈輻射狀分布，主要河流有馬哈韋利河等。斯里蘭卡接近赤道，終年如夏，但受海洋季風影響，並不酷熱。

東方十字路口：可倫坡

可倫坡是斯里蘭卡首都，全國政治、經濟、文化和交通中心，也是斯里蘭卡最大港口。位於凱拉尼河口的南岸，面臨印度洋，正處於歐、亞、非地區與大洋洲海洋航運的必經之路上，故有「亞洲門戶」和「東方十字路口」之稱。可倫坡曾是斯里蘭卡古老的城市之一，約於8世紀由阿拉伯人建立，1815年成為首都。市內的國家博物館、以及由中國設計且援建的紀念班達拉奈克國際會議大廈，是可倫坡的兩大景觀。可倫坡四季如夏，風景秀麗。這裡的維多利亞公園、德希瓦拉動物園以及專門供養各種類蝴蝶的蝴蝶園秀美無比。獨立廣場、市政廳保留著英國、荷蘭殖民統治時的建築風貌。

穩定的經濟

斯里蘭卡以種植園經濟為主的農業國，熱帶經濟作物種植構成國民經濟的基礎，主要農產品有茶葉、天然橡膠、椰子和稻穀等。政府推行自由競爭和對外開放的經濟政策，積極爭取外資。2000年，斯里蘭卡經濟儘管受到了世界油價上漲和國內軍費攀升的負面影響，但政府繼續實行自由經濟政策，鼓勵私營企業發展，促進投資，加強對銀行部門和金融活動的監管。目前宏觀經濟政策配合得當，金融市場保持相對穩定，經濟整體運行平穩。

國 家 檔 案	
全名	**斯里蘭卡民主社會主義共和國**
面積	6.56萬平方公里
首都	可倫坡
人口	2,120萬（2016年）
民族	僧伽羅人占81.9%，坦米爾人占9.5%，摩爾人占8.0%，其他民族占0.6%
語言	僧伽羅語、泰米爾語同為官方語言和全國語言，上層社會通用英語
貨幣	斯里蘭卡盧比
主要城市	可倫坡

印度  INDIA

亞洲

भारत गणराज्य

印度東臨孟加拉灣，西瀕阿拉伯海，南隔印度洋與斯里蘭卡、馬爾地夫相望，陸地則與巴基斯坦、中國、尼泊爾、不丹、緬甸和孟加拉接壤。地形特點是南北高，中間低。西北部為高山區，中部為平原，西部為沙漠地帶，南部則是高原。印度的面積居世界第七位，大多數人的貧困和少數人的富有、較發達的工業和古老落後的農業、以及乾旱為患而又洪水成災等多種面貌，共同存在於這片廣闊的土地上。

🌏 自然地理

印度北部雄偉的喜馬拉雅山形成一道難以逾越的天然屏障，把印度和北邊的亞洲鄰國隔離開來，只有西北部的興都庫什山和東北的那加山脈有一些通往外部的山口。正因如此，使北部的喜馬拉雅雪山和南面的大海、西部的沙漠、東部的森林組成了一幅令人嘆為觀止的風景畫，令人心曠神怡，流連忘返。

國家檔案

全名	印度共和國
面積	298萬平方公里（不包括中印邊境印占區、以及喀什米爾印度實際控制區等），印度政府稱其領土為328.78萬平方公里
首都	新德里
人口	13億2,680萬（2016年）
民族	印度斯坦族占46.3%，其他有孟加拉族、泰盧固族、馬拉地族等
語言	官方語言為印地語和英語
貨幣	印度盧比
主要城市	新德里、加爾各答、孟買

在恆河河畔瓦拉納西長約10公里的河灘上，幾乎築滿了供人下河沐浴用的台階，每天來自印度各地的沐浴者絡繹不絕。

至高至聖的母親河

恆河是孕育印度文明的搖籃，印度人尊稱它為「聖河」。恆河全長2,580公里，算不上世界大河，但沒有河流比它更受人尊敬。恆河之水成為印度教徒到達極樂世界的橋梁。它用豐沛的河水哺育著兩岸的土地，給沿岸人民以灌溉和舟楫之便，勤勞的恆河流域人民世代在這裡勞動生息，創造出世界古代史上著名的印度文明。

🏛 歷史文化

印度是傳統的、古老的、神奇的國家，儘管歷史上遭受過列強的入侵、擄掠、蹂躪和欺壓，但印度仍然是摧不倒、擊不敗的民族，它最終以堅強不屈、團結奮進的姿態屹立在世界的東方。對於想探究過去的人來說，印度是一個能提供古老且輝煌藝術、宗教、哲理的歷史博物館，它同時又是喜好狩獵、垂釣、觀光、攝影者的理想樂園。印度擁有複雜多變的地理環境，境內不同種族習俗千差萬別，形成多姿多彩的人文風情，尤其是宗教信仰深深地影響著印度人的生活。

歷史上印度文化曾受過外來文化的強大衝擊，但其仍然以它特有的方式延續至今幾千年。其輝煌燦爛的文明總是讓人如醉如癡，無論在

世界的東方還是西方，關於印度的傳說實在太多太多。直到今天，在耀眼的古老光環之中，印度仍然以其獨具特色的風貌、豐富多彩的社會特徵、日新月異的氣象吸引著世人。

孔雀王朝

孔雀王朝是印度歷史上建立的第一個大帝國。西元前327年，馬其頓人亞歷山大大帝率領軍隊越過興都庫什山侵入印度，試圖步步為營征服整個恆河平原，但遭到當地力量的頑強抵抗，特別是當時恆河平原最強大的摩揭陀國的抵抗。約在西元前317年，摩揭陀國一個叫

旃陀羅笈多的刹帝利貴族，率軍擊敗了馬其頓大軍，之後進抵摩揭陀國的首都華氏城，推翻了難陀王朝的統治，建立了孔雀王朝。

莫臥兒帝國

莫臥兒帝國是蒙古人建立的。1526年，巴布林以精銳騎兵部隊占領德里，征服了北印度大部分地區，建立了莫臥兒王朝。這個王朝為印度注入了伊斯蘭教文化因素，使印度進入了一個新時代。莫臥兒帝國到了阿克巴大帝時代達到鼎盛。阿克巴大帝雄才大略，可與古代的阿育王相媲美。

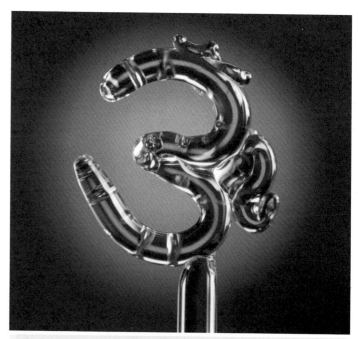

印度教是印度最主要的宗教，也是世界上最古老的宗教之一，圖為印度教的標誌性圖案，其象徵是咒語「唵」。

圖為桑吉佛教古蹟，位於印度
中央邦首府博帕爾城東北約45
公里。

印巴分治與印度獨立

第二次世界大戰爆發後，印度宣布對法西斯作戰，英國當局則許諾戰後允許印度獨立作為條件。第二次世界大戰結束後，印度民族運動進一步高漲，英國迫於形勢，公布了將印巴分治的方案。根據這一方案，英屬印度按照宗教信仰分為兩個自治領。1947年，印度和巴基斯坦分別成立自治領，結束了英國在印度的殖民統治。1950年1月，印度宣布成立獨立的共和國。

泰姬瑪哈陵

坐落於印度古都阿格拉的泰姬瑪哈陵，是世界七大建築奇蹟之一。泰姬瑪哈陵宏偉壯麗，四座長長的尖塔直指藍天。皇陵前方的水道清澈如鏡，連同巨大的花園，這一切都令人流連不捨。據說，泰姬瑪哈陵最美麗的時候，是朗月當空的夜晚，因為白色的大理石陵寢，在月光映照下會散發出淡淡的紫色，清雅出塵，恰似瓊樓玉宇。這座建築奇蹟背後其實有一段哀怨纏綿的故事。17世紀莫臥兒帝國皇帝沙賈汗為紀念愛妃，動用了數萬名工人修建陵寢。以寶石鑲飾的圖案細緻精美，令人叫絕。泰姬瑪哈陵最引人矚目的是用純白大理石砌建而成的主體建築。皇陵上下左右對稱，中央圓頂高62公尺，四周聳立四座高約41公尺的尖塔，塔與塔之間分布著鑲滿寶石的墓碑。陵園占地17公頃，四周圍以紅沙石牆，大門用紅岩砌建，一直通往沙賈汗王和王妃的墓室。泰姬瑪哈陵的前面是條清澈的水道，水道兩旁種植有果樹和柏樹，分別象徵生命和死亡。

風韻絕妙的泰姬瑪哈陵是一首百讀不厭的「大理石上的詩」。站在泰姬瑪哈陵前，所有的人都會目不轉睛地注視那無以倫比的風姿，惟恐這世界奇蹟轉瞬之間化為幻影而消失。

印度絕大多數婦女喜歡身穿傳統民族服裝，即富有藝術性的紗麗。紗麗永遠是入時的，舒適、輕逸、大方、莊重，且具有女性美。

 **Travel Smart**

宗教盛行

印度是世界宗教發祥地之一。現在，絕大部分印度人篤信宗教，宗教與印度社會、政治經濟和文化有著水乳交融的聯繫，它滲透到印度絕大多數人生活的各個層面，從各個角度折射出宗教的神聖光輝。由於印度是個宗教盛行的國家，宗教在人們生活中占有十分重要的地位。在印度人看來，宗教至關重要，沒有宗教就沒有生活，這種思想體現在人們生活的各個方面。

聖雄甘地

甘地（1869～1948）是印度著名的民族運動領袖，被印度人民尊稱為「國父」、「聖雄」。甘地出身於一個貴族家庭，早年赴英國攻讀法律，畢業回國後擔任律師。1893年在南非任職期間，投身當地反對種族歧視的運動，產生非暴力的思想。回國後，甘地散盡家產捐助慈善事業，按印度教傳統節欲修行。第一次世界大戰後，甘地發起非暴力不合作運動，成為歷次民族運動的領袖。

文化巨擘泰戈爾

泰戈爾（1861～1941）是著名的詩人、作家、社會活動家和國際大學的創建者。第一次世界大戰前後，泰戈爾積極參加印度的民族解放運動，組織反戰和平團體，先後出訪歐亞等十幾個國家。1913年泰戈爾獲得諾貝爾文學獎。泰戈爾的創作對印度文學的發展影響很大，他的作品充滿獨特的民族風格，清新自然，情調感傷又富有神祕色彩。他的主要作品有詩集《新月集》、以及《園丁集》、《漂鳥集》等，長篇小說有《沉船》、和《戈拉》等。1924年，泰戈爾還應邀來華訪問。

種姓制度

印度種姓制度源於古代，儘管在20世紀50年代制定的憲法中已廢止了世襲的種姓制度，但這一制度依然存在於印度社會。種姓制度由當時的婆羅門貴族極力鼓吹，將人們按照出身貴賤分為四個「瓦爾那」，即婆羅門（僧侶）、剎帝利（貴族和武士）、吠舍（平民）、首陀羅（奴隸）四大等級。印度種姓職業世襲，構成內部通婚和不准外人參加的社會等級集團。到了現代這種身分壁壘演化為三級：由前三種

印度實行12年一貫制中小學教育，高等教育8年，圖為正在上課的老師和學生們。

組成高級種姓，首陀羅為低級種姓，第三等級是一些沒有種姓身分的「賤民」，稱「不可接觸者」，社會地位最低，現有1億人。在歷史上，各種姓之間因地位懸殊常發生衝突。種姓制度對社會有極大的分裂作用，在落後的農村更為嚴重，直到今天仍是阻礙印度社會文明進步的因素。

禮儀與習俗

印度是亞洲文明古國，相互交往十分注重禮節。印度人與友人見面時，通常是雙手合掌或舉手行禮，但合掌或舉手的姿勢、高低大有講究，對長輩宜高，以示尊敬；對平輩宜平，以示對等；對幼輩則低，以示關懷。迎接嘉賓時，則往往敬獻花環，並套在客人脖子上，表示發自內心歡迎。客人馬上將花環取下來，以此表示謙虛。與華人習慣不同的是，印度人在贊成對方意見時的動作是搖頭。印度婦女因受閨閣制度影響，較少拋頭露面，她們一般不與陌生人隨便交往。

名勝薈萃

印度是四大文明古國之一，擁有輝煌燦爛的古老文化和廣袤的國土，印度名勝古蹟和名山勝水甚多，令人嘆為觀止。印度的文明古蹟大致分為三大部分：首先是古堡陵園，著名的有紅堡、胡馬雍陵、泰姬瑪哈陵，代表了印度建築藝術的最高水準；接下來是印度古老的佛教聖地聖蹟，鹿野苑是釋迦牟尼初轉法輪之地，而居師

大象是印度的聖獸，受到印度人的尊敬和愛護，印度人對大象有深厚的感情。在主要的旅遊城市，人們給大象穿上盛裝，並在其頭部和長鼻上畫上絢麗的圖案。

那迦是佛陀圓寂的地方，其他著名的還有王舍城、那爛陀寺等；最後是印度的石窟神廟，那裡有許多色彩斑斕的佛教塑像、雕刻和繪畫，是研究印度古代文化藝術的絕佳之地。

阿旃陀石窟

石窟地處印度馬哈拉斯特拉邦的一個半山腰。因山勢形成半圓形外觀，下臨深澗，澗中有一泓清水。石窟環繞在半山腰，鑿石而成，洞窟大小、高低、深淺不一。據考證，石窟於西元前2世紀開始修建，650年竣工，前後歷時達數百年之久。阿旃陀石窟共有29窟，其中25窟為僧房，四窟為佛殿。窟內的壁畫和石像精美絕倫，主要以宣揚佛教為主要內容，也有反映古代印度人民生活及帝王宮廷生活的畫面。據傳唐代高僧玄奘曾來過這裡。

🏛 主要城市

印度都市產生較早，現已開發出來的古城遺址，不僅分布廣泛，而且規模宏大，設施齊全。由於種種歷史因素，印度的城市大多人口稠密，為數眾多，名勝古蹟遍布東南西北，其中雄偉莊嚴的城堡讓人神往，鬼斧神工的石窟讓人驚嘆，風格各異的寺廟令人目不暇接，這是印度都市的一大特徵。其都市在保持固有特色的同時，又在不斷吸納著世界各國文明的精華，逐漸成為充滿了古老的神祕色彩，同時又煥發出勃勃生機的現代氣息的城市。

七朝之都：老德里

老德里是印度歷史古都，享有「七朝之都」的美稱。之所以叫「老德里」，是因為要和印度現在的首都新德里區別，事實上老德里和新德里現在已經完全連在一起。老德里是印度的心臟，在這裡可以感受到整個國家運行的脈搏。同時它又是一面鏡子，既可以看到印度輝煌的歷史，也可以反映出印度現在的身影。老德里、新德里緊密相連，古老與現代交相輝映，組成了一幅引人入勝的歷史畫卷。老德里歷史悠久，文化燦爛，城內

烏代布爾是印度西北部的一個城市，位於艾哈默德巴德的東北方向，以前是一個諸侯國的中心，以其12世紀的王宮而聞名。

留有許多豐富的名勝古蹟，可稱之為印度歷史文化的寶庫。這裡有孔雀王朝時代興建的舊堡遺址和著名的阿育王石柱。石柱終年裸露在外，雖經千年風吹日曬雨淋，但從不生銹，依然光亮如故。這一奇蹟，充分顯示出古代印度人民的聰明才智和已掌握了複雜的冶金鑄造技術。老德里街道曲折，商業繁華，人群熙攘，在離大清真寺咫尺的地方，有一條繁華的馬路，稱作月光街或銀子街，歷史上曾是世界最富庶的大街之一，現今仍為商業中心。

花園都市新德里

與老德里相比，新德里完全是另一番景觀，它充滿了濃烈的現代氣息。新德里位於亞穆納河畔西岸。1912年英印政府從加爾各答遷都到這裡。它布局精細，錯落有致，林蔭大道與街心花園相互輝映，如茵草坪和噴泉花壇，比比皆是，猶如一座花園城市，現代化的宏偉建築群聳立在市中心的西側。新德里不僅是全國的政治經濟中心，也是文化教育中心。這裡有許多著名的博物館、紀念館、圖書館，印度獨立後，許多重要的國際會議和亞洲運動會也曾在此舉行。新德里儘管充滿了現代化的氣息，但也同樣點綴著古老的色彩，有各種各樣的寺廟，有的甚至是幾百年的遺跡。

新德里的紅堡就像北京的故宮，是一座氣勢雄偉的古建築。它是1639年印度莫臥兒王朝第五代帝王沙加汗花費10年時間建起來的，紅堡整個建築設置呈八角型，所

📖 Travel Smart

佛教聖地：靈鷲山

靈鷲山是印度佛教聖地。當年佛教始祖釋迦牟尼在鹿野苑初轉法輪之後，與弟子來到這裡，當地摩揭陀國國王頻毗婆羅送了一個竹園供他們住宿。在這竹園附近一馬平川之中，靈鷲山拔地而起，山勢奇特非凡，峰巒疊嶂。正峰峰頂有一塊岩石矗立，形如鷲的頭部，故名靈鷲山。另一說山上鷲鳥很多，因而得名。山頂有一座古平台，這是當年佛祖與弟子結集和講經說法之地，相傳昔日如來在這裡講過著名的《法華經》，如今只剩下光禿禿的基石。

有亭台樓閣都是用紅砂石和大理石造就，沒有一塊木料或是鐵釘。今天的紅堡，拉合爾門雄偉的氣勢還在，巍峨的紅色城牆還有，部分基本結構完好的宮殿似乎還可以窺探出昔日的輝煌氣派。

東方商業名城：加爾各答

加爾各答是印度最大的城市，詩聖泰戈爾的故鄉，19世紀孟加拉文化復興的搖籃，人口超過千萬，是世界上人口最多的城市之一。加爾各答的地理位置十分重要，地處恆河三角洲，瀕臨孟加拉灣，是全國工業中心，東海岸最大港口，也是重要的空中交通樞紐。工業發達，是世界黃麻加工中心。加爾各答建城的歷史較短，僅300多年。它的建立

和發展，同英國殖民者入侵印度的歷史緊密相連。1757年，英軍在普拉西戰役獲勝後，加爾各答的威廉堡一躍而成為東印度公司的大本營和英國統治印度的中心：總督府所在地。

西海岸天然良港孟買

孟買是印度第一大港，是印度西海岸的重要城市。孟買地理位置十分重要，有「印度的門戶」之稱。13世紀時由漁民居住的7個小島發展而成，16世紀初為葡萄牙人控制，17世紀末成為英國入侵西印度的重要據點。印度獨立後，孟買仍然保持著第一大港的地位。進入20世紀90年代，全國海運的1/5和集裝箱運輸的1/2從孟買出海，運往世界各地。如今孟買已成為世界十大城市之

Travel Smart

軍力｜海嘯
報刊｜鐵路

1. 印度陸、海、空三軍總兵力為127萬人，居世界第四位，擁有中程導彈，已具備核能力。

2. 2004年底，印度遭受到大規模的海嘯襲擊，海嘯造成上萬人死亡，數千人失蹤。

3. 印度報刊大多屬私人所有。最大的三家日報依次為《印度時報》、《馬拉雅拉娛樂報》和《古吉拉特新聞》。

4. 鐵路是最大的國營部門，亦為主要運輸手段，總長度居亞洲第二位，世界第四位。

一，是印度海陸空運輸的重要樞紐、重要的工商業城市、最大的金融中心。今天的孟買完全是一座國際化都市，它不僅有歐洲風格的古典式建築，而且也有一幢幢現代化的摩天大樓，同時還不乏融合歐洲基督教、印度教、伊斯蘭教風格的東西合璧式建築。在印度人心中，孟買是最具夢幻色彩的城市。

經濟

印度獨立後經濟有較大發展，農業由嚴重缺糧達到基本自給。工業已形成較為完整的體系，自給能力較強。印度政府於1991年7月開始進行全面經濟改革，放鬆對工業、外貿和金融部門的管制。2001年～2002年度，政府繼續深化第二階段經濟改革，加速國有企業私有化，實行包括農產品在內的部分生活必需品銷售自由化，改善投資環境，精簡政府機構。由於農業和服務業的快速發展，經濟增長率達到5.6%。2001年印度出台「十五」計畫，提出2002年～2007年的經濟增長率為年均8%。

齋浦爾是拉賈斯坦邦首府，是印度教、耆那教中心和貿易中心。雄偉的琥珀堡在郊區沿山脊而建，城堡圍牆蜿蜒於山巒之間。

農業

印度是以農業為主的國家。主要農作物為水稻、小麥、甘蔗、棉花、黃麻、油籽、茶、咖啡和煙草，農業產值占國內生產總值的1/3。近年來由於工業和服務業迅速崛起，農業在印度國內生產總值中的相對比重逐步下降。儘管如此，農業發展仍然是國民經濟增長的前提，在國民經濟發展過程中起著舉足輕重的作用。至今，農業仍是印度最大的就業部門。在農業中，畜牧業僅次於種植業。

孟買市區背山臨海，風景優美，
夜晚更是金碧輝煌，五彩繽紛，
具有濃厚的西方色彩。

工業製造業

印度主要的製造行業有食品、紡織、冶金、機械和電氣以及化工。近幾年，能源、電信、電子和食品加工業有較大的增長。獨立後，印度工業有了迅速的發展。目前工業約占國民收入的1/4。大部分工業品已能自給，許多工業品和技術已打入國際市場。機械工業已成為印度工業中的最大生產部門，在工業總產值中占30%左右。如今，印度在發電和化工設備，各種電器、機車、汽車、拖拉機、船舶、飛機和其他設備的製造方面，大多已能自給。印度的能源工業發展也較迅速，煤炭是印度的第一大能源。輕工業在印度工業中占有重要地位，主要為紡織工業和食品工業。

軟體業

印度有1/3的人口是文盲，但同時有41萬軟體技術人員，而且這個數字還在增長中。近年來印度資訊技術產業發展迅速，2000年軟體出口額達40億美元。印度政府計畫到2008年成為資訊技術超級大國，屆時軟體出口額將達500億美元。印度全國有1,832個教育性科研機構和理工學院，每年大約培養7萬名電腦軟體專業人員。如今在美國，1/3的軟體工程師是印度人，有25萬人集中在矽谷地區，這足以讓世人吃驚。印度政府的目標是在2008年造就「百萬軟體人才」。

印度經濟是在殖民地經濟基礎上發展起來的，其資訊技術產業發展極為迅速，圖為實驗室裡研究電力光纜的專業人員。

阿富汗

AFGHANISTAN

افغانستان

阿富汗地處中亞進出南亞和南下印度洋的要衝，是西亞的內陸國，西鄰伊朗，北部毗連土庫曼、塔吉克、烏茲別克，東部與南部與巴基斯坦接壤，東北部的瓦罕走廊與中國連接，地理位置十分重要。阿富汗地形崎嶇，北部分布平原，南部為高原沙漠區，遠離海洋，沒有出海口，貨物進出口均靠別國轉運，是個典型的內陸國家，屬大陸性氣候，乾燥少雨，冬季嚴寒，夏季酷熱。歷史上，阿富汗是「絲綢之路」的必經之路。從19世紀起，英國多次入侵，使阿富汗成為英國和沙俄角逐的場所。至今仍受戰爭困擾，是世界上不發達的國家之一。

阿富汗全國多山，興都庫什山脈以及衍生出來的其他山脈占據了阿富汗大部分國土。

國家檔案

全名	阿富汗伊斯蘭共和國
面積	65.23萬平方公里
首都	喀布爾
人口	約3,274萬（2016年）
民族	帕士頓族占總人口的40%，塔吉克族占25%，還有烏茲別克、哈札拉、土庫曼、俾路支等30多個民族
語言	官方語言是帕士頓語和達利語（即波斯語），其他地方語言還有烏茲別克語、俾路支語、土耳其語等
貨幣	阿富汗尼
主要城市	喀布爾、坎大哈、赫拉特、馬札里沙里夫

🌏 自然地理

阿富汗是一個多山的高原國家，處在帕米爾高原和伊朗高原之間，全國地勢大體上自東北向西南傾斜。境內高山縱橫，沙漠廣布，大部分國土是山地高原。山地和高原約占全國面積的4/5，平均海拔900公尺～1,200公尺。平原占全國面積的1/5，分布在西南部和北部。西南部有大片沙漠。帕米爾高原向西南放射延伸形成世界上最大的山系之一：興都庫什山脈，它是阿富汗國土的地理分界線，綿延1,200公里。興都庫什山脈自東北斜貫西南，將全國分為北部平原，中部山地和西南沙漠三大自然區域。

三大自然區域

北部平原位於興都庫什山脈和阿姆河之間，地形狹長。山腳地帶草場廣闊，土地肥沃，農耕發達，是重

阿富汗東北部的懸崖邊有無數小石窟，這是一個高達36公尺的佛像遺跡，它的雕刻技巧以及位置至今讓人們嘆為觀止。

要的糧食產區。中部山地山脈眾多，地形複雜，道路崎嶇，交通不便。喀布爾河流域為地勢平坦的沖積平原。山地北部的河谷水源充足，分布著一條黃土地帶，是阿富汗的穀倉和主要棉花產區。西南沙漠地勢低平，沙漠廣布，赫爾曼德河橫貫，將這區域分為南北兩部分。

主要水系

阿富汗的主要河流有阿姆河、喀布爾河和赫爾曼德河等。大部分河流春季和夏季因高山融雪水量較大，秋季和冬季水量較小。阿姆河發源於帕米爾高原，是流經阿富汗最長的河流。其兩大支流都發源於興都庫什山，沿河有三個主要港口，擔負阿富汗、土庫曼和烏茲別克等國的貨物進出口任務。

瓦罕走廊

瓦罕走廊東接中國，北通塔吉克，南可抵達喀什米爾地區，位於阿富汗東北角一個狹長區域，是帕米爾高原的一部分。自古以來它就是連接中國和中亞的交通要道，是「絲綢之路」的一條重要通道，著名的旅行家馬可·波羅曾經由這裡到達中國，而且還留下了有關當地風土人情的記錄。在近代，瓦罕走廊是英俄兩大帝國爭奪十分激烈的地區，這一地區也是大國妥協的產物，長期以來作為英俄各自勢力範圍的緩衝區而存在。

叼羊是阿富汗人很喜愛的娛樂活動，這一活動反映出這個馬上民族的驍勇。

歷史文化

阿富汗在歷史上因其地理位置重要，一度成為遊牧民族入侵農耕世界的陸上通道。在近現代，屢遭英、俄等列強的侵略。冷戰時期成為美蘇爭奪的焦點。冷戰後，國內民族、種族矛盾衝突劇烈，陷入長期內戰。塔利班政權在美國打擊下垮台後，國家百廢待興，面臨的問題十分棘手。

動盪的角逐場

阿富汗是因長期戰亂和貧困而被邊緣化的國家。15世紀以前，這裡是歐洲、中東與印度和遠東貿易、文化交流的樞紐。15世紀末，由於歐洲航海家開闢了從歐洲到印度的海上航線，經由陸路前往東方的客商大大減少，阿富汗變得越來越閉塞。19世紀後，阿富汗王國

塔利班執政時期，女孩沒有受教育的權利。現在不同了，女孩同樣也可以上學。

現代的旋轉木馬被阿富汗人用傳統的方式表現出來，阿富汗人興高采烈地坐在旋轉木馬上。對於他們來說，戰爭和死亡似乎離得很遠。

國力衰落，成為英國和沙俄的角逐場所。1838年，英國發動了第一次侵略阿富汗的戰爭，戰爭以英國人的失敗告終。1878年，英國發動第二次侵略戰爭，迫使阿富汗簽訂《甘達馬克條約》，阿富汗喪失了外交權，淪為英國的附庸。1919年，阿富汗人民打敗了英國的第三次入侵，獲得獨立。獨立以後，阿富汗政府推行親蘇聯政策，在資產階級推動下，進行社會改革，不久遭到國內外勢力的反對。1929年，阿富汗發生叛亂，改革進程中斷，政權轉入親英派手中。二戰時期，德國、日本和美國先後插手阿富汗事務。

戰亂不息的現代

阿富汗的現代更是充滿了動盪和戰亂。1973年達烏德發動軍事政變，推翻了查希爾王朝，國王流亡海外，阿富汗共和國宣告成立。1978年4月，阿富汗人民民主黨再次發動軍事政變，改國名為阿富汗民主共和國。次年，蘇聯出兵阿富汗，直至1989年才全部撤離。蘇聯撤離阿富汗之後，阿境內各派別爆發內戰。1992年4月，納吉布拉政權垮台，阿富汗遊擊隊接管政權，改國名為阿富汗伊斯蘭國，拉巴尼任總統。1996年9月，阿富汗伊斯蘭學生武裝「塔利班」攻占喀布爾，控制阿富汗90%以上的領土。總統拉巴尼流亡國外，其他各派遊擊隊在馬札里沙里夫建立政治中心，建立反塔利班聯盟。1997年10月27日，塔利班政權改國名為阿富汗伊斯蘭酋長國。

孤立的塔利班

曾經控制著阿富汗絕大部分領土的是塔利班政權。

「塔利班」是波斯語，意為「學生」。1994年，塔利班在巴基斯坦與阿富汗的邊境成立，成員多來自阿富汗難民營中的伊斯蘭教學校學生。塔利班領導人奧馬爾在坎大哈的反軍閥鬥爭中揭竿而起，消滅了當地軍閥，控制了整個坎大哈。塔利班政治上主張「剷除軍閥，重建國家」，不依附於任何勢力派別。他們視《可蘭經》為法律，目標是推翻阿富汗政權，按照伊斯蘭原教旨主義改造阿富汗國家和社會。

塔利班成立之初時只有數百人，隨後逐漸壯大，成為阿富汗各派中最強大的一支武裝。1996年9月，塔利班攻占喀布爾成立了臨時政府接管政權。同時，反塔利班聯盟也在控制區內成立政府。到1997年5月，塔利班奪取了阿富汗30個省中的26個，它一方面強烈呼籲國際

儘管只能提供基本衛生設施和醫療條件，這座距馬札里沙里夫以北約120公里的監獄還是擠進了近3,500名囚犯。

社會承認其政府的合法性，一方面不顧國際社會的強烈反對，在國內推行極端的原教旨主義政策，陷入相當孤立的境地。「九一一」事件後，賓拉登被美國認定是「首要嫌疑人」，塔利班繼續為賓拉登提供庇護。聯合國安理會通過決議，要求塔利班將賓拉登交出，並立即停止給國際恐怖主義分子及組織提供庇護。2001年美國以反恐為名，聯合反塔利班聯盟對塔利班政權實行軍事打擊，推翻了塔利班政權。阿富汗成立以卡爾札伊為首的政府，進行艱巨的戰後重建工作。

主要城市

阿富汗因長期處於戰亂當中，經濟千瘡百孔，人民生活十分困難。全國大部分人口分布在農村牧區，城市人口不多。除了首都喀布爾的人口超過百萬外，其他城市的人口都在30萬以下。城市的經濟作用不大，因長期扮演軍事重鎮的角色，破壞嚴重。阿富汗是落後的農牧業國家，曾被聯合國列為最不發達國家之一。多年的戰亂，使阿富汗經濟遭到嚴重破壞，人口流失嚴重。

喀布爾

喀布爾是阿富汗的首都，是全國政治、經濟、文化和交通中心。喀布爾河穿城而過，將城市一分為二，南岸為舊城區，北岸是新城區，全市呈U字形分布，四周群山環抱，城市開口處在西邊。這是一座風景異常優美的高原城市，也是世界上地勢最高的山區都城之一。市郊有現代化的國際機場，位於中亞和南亞間的交通要道上，是重要的貿易中心。喀布爾是阿富汗全國最大的城市，全國大部分工業都集中在這裡。喀布爾氣候條件良好，適宜種植多種農作物。

坎大哈

坎大哈位於阿富汗東南坎大哈綠洲中心，人口20多萬，阿富汗第二大城市，是全國重要的農產品集散地、商業中心和公路樞紐。市郊有現代化的國際機場。手工製毯業很著名，還有棉毛紡織、煙草、水果加工和金屬製品等中小工業。

首都喀布爾位於國土東部的喀布爾河谷。喀布爾是一個被群山環繞的幽靜古城，喀布爾河從兩山之間穿城而過。

巴基斯坦

亞洲

PAKISTAN

اسلامی جمہوریہ پاکستان

巴基斯坦位於南亞次大陸的西北部，東接印度，東北與中國毗鄰，西北與阿富汗交界，西鄰伊朗，南瀕阿拉伯海。海岸線980公里。除南部屬熱帶氣候外，其餘屬副熱帶氣候。巴基斯坦曾經是英屬印度的一部分，1947年在獨立呼聲中建國，人口大部分為穆斯林。起初這個新生的國家還包括東巴基斯坦——即現在的孟加拉，但東巴基斯坦於1971年獲得獨立。巴基斯坦的東南部是富裕的印度河沖積平原，盛產棉花，是大型紡織工業的基地。

國家檔案

全名	**巴基斯坦伊斯蘭共和國**
面積	79.61萬平方公里
首都	伊斯蘭瑪巴德
人口	1億9,567萬（2017年）
民族	旁遮普族占總人口的63%，信德族占18%，帕坦族占11%，俾路支族占4%
語言	烏爾都語為國語，英語為官方語言，還有其他少數民族語言
貨幣	巴基斯坦盧比
主要城市	伊斯蘭瑪巴德、拉瓦爾品第、喀拉蚩、拉合爾

🌏 自然地理

巴基斯坦的地形以高聳入雲的山脈、乾旱的平原和印度河水灌溉的低地為特點。北部和西北部位於南亞次大陸西部，是南亞綿延起伏的龐大褶曲山系的一部分。喜馬拉雅山和興都庫什山扼守北部邊界。由印度河谷及其支流構成的肥沃低地，巴基斯坦東部的塔爾沙漠和卡奇沼澤地，景色十分荒涼。

山脈

被譽為「世界屋脊」的喀喇昆侖山脈與喜馬拉雅山脈，皆有部分在巴基斯坦和由其控制的喀什米爾境內。位於中巴邊界的喬戈里峰，海拔8,611公尺，是喀喇昆侖山最高峰，也是世界第二高峰。興都庫什山脈自東向西橫跨巴西北部，最高峰為蒂里奇米爾峰，海拔7,690公尺。蘇萊曼山脈自北而南，北部與興都庫什山脈相連。其北段形成巴與阿富汗的邊界，著名的開伯爾山口位於該段的峽谷中，成為巴阿間的交通要衝。蘇萊曼山脈東部連結鹽山山脈。

巴基斯坦地形狹長，全境3/5為山區和丘陵，地勢由西北向東南傾斜。

河流

巴基斯坦境內最長的印度河幾乎穿貫全境，其源頭在中國西藏，經過喀什米爾，進入印度河平原後匯入阿拉伯海。由於印度河流速緩慢，攜帶淤泥幾乎全沉澱於河床，久而久之使河床高於平原。因此，在河兩岸築起河堤以免土地受淹。每當夏季北部高山上積雪融化時，印度河水猛漲，再遇上南部的季風大雨，經常氾濫成災。

歷史文化

巴基斯坦和印度原是一個國家，1757年起逐步淪為英國的殖民地。由於英國殖民者對南亞次大陸的經濟掠奪和政治壓迫，激起了人民的強烈反抗。第二次世界大戰中，在民族解放運動的洶湧浪潮衝擊下，英國在印度的殖民統治搖搖欲墜，世界資本主義殖民體系土崩瓦解。迫於世界形勢和次大陸人民的強烈反抗，英國殖民者不得不考慮放棄統治了近兩個

世紀的這塊土地。今日巴基斯坦這塊土地歷盡滄桑，但古堡及清真寺依然閃爍著伊斯蘭文化的光輝。

巴基斯坦的宗教

根據憲法的規定，巴基斯坦的國教為伊斯蘭教，伊斯蘭教徒占全國人口總數的96%。全國非穆斯林僅占全國人口總數的4%，其中印度教徒、基督教徒占大多數，另有少量拜火教徒和佛教徒。巴伊斯蘭教內部派系林立，大小派別有七八十個之多，但主要派別有遜尼派和什葉派。遜尼派人數占全國

穆斯林的75%；什葉派人數占全國穆斯林的20%。

穆斯林的主要宗教活動有每年的朝覲、每天五次的祈禱、年度《可蘭經》朗誦比賽等等。信奉伊斯蘭教的正統穆斯林嚴格禁酒，並禁忌與豬有關的圖畫和食品，12歲以上的女性外出要戴頭巾。

巴基斯坦風俗習慣和禁忌

婦女們過新年，隨身攜帶紅粉出門，見了親友先道喜，然後將紅粉塗在對方前額上，為的是抬頭見喜，大吉大利。巴基斯坦人注重衣

圖為海德拉巴的一名技師和當地牧民在進行自流井的測試，以便在這片土地上能進行長期的灌溉，減少土地的沙漠化。

著得體，到巴基斯坦朋友家作客要服飾整潔。同巴基斯坦人交談，要避免提及對方忌諱的話題，態度要謙虛，不可毫無顧忌地高談闊論，不可忘乎所以地哈哈大笑。

巴基斯坦實行中小學免費教育，他們特別重視小學教育，以提高識字率。

主要城市

巴基斯坦的大城市相互之間的經濟關係不是十分緊密，人口較多的都市呈直線式分布於各處。這些大都市主要是20世紀以後才快速發展起來的，不過，原來都是行政中心，大部分曾經是英國的殖民地。一般來說，巴基斯坦地形多為山嶽地帶，並不適合城市的發展，綠洲地帶才有若干小城鎮。巴基斯坦都市主要分布在平原地區印度河流域的山麓地帶。

年輕的都市：伊斯蘭瑪巴德

伊斯蘭瑪巴德始建於1961年，1965年巴首都從拉瓦爾品第遷於此。它是世界上最年輕的都市之一，也是具有傳統的伊斯蘭色彩的城市。伊斯蘭瑪巴德地處內陸，背依高聳的喜馬拉雅山，面向遼闊的印度河大平原。在這樣的環境建設起來的首都既安全、交通又方便。伊斯蘭瑪巴德是按照規劃建設起來的，整齊有致是它的典型特點。市內布局合理，街道筆直寬闊，建築新穎，主要有政府大廈、總統府、總理府、議會大廈、最高法院、會議中心、真納大學、費薩爾大清真寺、體育綜合設施以及高級旅館等。住宅區

巴基斯坦的地理位置十分重要，其東北部的瓦罕走廊與中國連接，圖為中國和巴基斯坦的邊境地區。

特達是距喀拉蚩98公里的一座城市，它也是信德省最古老的城市，這裡有許多重要古蹟。

多為別墅式庭院，使館區設在市區東部。市內無工礦企業，沒有污染，空氣清新花草繁茂，綠樹成蔭氣候宜人。1992年10月與北京結為友好城市。

全國第一大城市：喀拉蚩

喀拉蚩原是巴基斯坦首都，是全國第一大城市，也是最大的經濟中心、最大的海港和人口最多的城市。它還是全國工商業和文化中心，工業產值占全國的40%，主要工業有造船、鋼鐵、機床、水泥、黃麻加工、紡織及玻璃等。喀拉蚩是一個天然海港，港外島嶼羅列，堤內波平浪細。港區分東、西兩個碼頭，還有一個現代化的造船廠和乾船塢，承擔全國95%以上的外貿吞吐任務。喀拉蚩國際機場是亞洲最大的飛機場之一，也是歐亞間許多航班的中轉站。市內還有國父墓和巴圖大清真寺供遊人遊覽。

歷史名城：拉合爾

拉合爾是巴基斯坦第二大城市，位於巴基斯坦的東北部，拉維河畔靠近印度邊境，是巴基斯坦最美的城市。拉合爾地處副熱帶，市內綠蔭蔽日，常年鮮花不敗，芳草如茵，素有「花園城市」之稱。拉合爾是歷史

名城，名勝古蹟甚多。到此地旅遊的人都要遊覽皇家古堡，這是莫臥兒王朝第五代皇帝沙加汗為其皇后建造的；巴德夏希清真寺也是一處遊人雲集的好地方；拉合爾還有一座夏利瑪花園，它建於1642年，是莫臥兒王朝的御花園。此外，還有拉合爾中央博物館和賈汗吉陵也是著名的旅遊景點。

喀拉蚩是全國第一大城市，位於印度河三角洲西面，其工業基礎薄弱，主要以紡織業為主，地毯是喀拉蚩常見的紡織品，其精美的手工藝術讓人們讚嘆不已。

🌐 經濟

巴基斯坦的經濟以農業為主，嚴重依賴外援。奇亞·哈克執政期間，經濟比較穩定，國內生產總值增長率和人均收入居南亞之首。1993年由於政局動盪，又遭自然災害，經濟全面受挫。1998年5月核實驗遭致國際制裁，外援和外資基本停止，經濟陷入極端困境。2001年前8個月國民經濟保持緩慢增長。2001年「九一一」事件後，決定參與國際反恐合作，美國取消了對巴基斯坦的經濟和軍事制裁，並向巴提供援款。巴基斯坦經濟全面振興仍面臨困難。

農業為主的國家

巴基斯坦屬於資本主義市場經濟體制不發達的國家，農業在該國國民經濟中占有重要地位，農村人口占全國人口的70%以上。近年來農業比重雖有所下降，但仍不失為國民經濟的一個重要組成部分。種植業近年獲得長足的進步，灌溉面積不斷擴大，同時推廣小麥、棉花等作物良種。巴基斯坦有廣闊的全年灌溉耕作地區，經過長期努力，巴基斯坦已成為世界上灌溉面積比重最大的國家之一。巴基斯坦主要農作物有：糧食作物——小麥、水稻、玉米等；經濟作物——棉花、甘蔗、煙草等。

以棉紡織業為主的工業

巴基斯坦工業基礎薄弱，過去僅有一些小型的紡織工業，獨立後工業有了很大發展，其中發展最快的工業部門是棉紡織業。棉紡織廠的規模和數量不斷增加，巴基斯坦現已成為當代世界上主要棉紡織品出口國之一。巴基斯坦在20世紀60年代後重建了工業體系，大力發展重工業，現在不但有發達的棉紡、製糖、捲煙等工業，而且電力、化肥、水泥、機械製造和造船工業也已具有相當規模。20世紀80年代以來，工業產值逐步上升。1999年～2000年工業產值為5,395.3億盧比，占國內生產總值的17%。

喀拉蚩是巴基斯坦重要的工業中心，這裡的商業街熱鬧非凡，商品種類繁多，全國大多數商品在這裡都可以找到。

📖 Travel Smart

摩亨佐·達羅考古遺跡

摩亨佐·達羅古堡位於信德省印度河以東1.6公里處，是西元前3世紀印度城市遺址。這是一座從地下挖掘出來的古城堡，占地97公頃，全部為磚砌建築，有城牆和矗立在開闊坡地上的衛城，低城區建築布局嚴謹。它是西元前2350年～西元前1750年印度文明成熟期最有代表性的城市。考古學家們正在研究它，不知道它究竟是一座什麼城市，為什麼在它的附近沒有發現人類遺跡？這座矗天而立的巨大城堡在1980年被列入《世界遺產名錄》。

伊拉克

IRAQ

الجمهورية العراقية

盛產石油的伊拉克位於亞洲西南部，阿拉伯半島東北部。北接土耳其，東鄰伊朗，西毗敘利亞、約旦，南接沙烏地阿拉伯、科威特，東南瀕臨波斯灣。海岸線長60公里。伊拉克的南部是希賈拉沙漠，東北部山地和西南部高原間是美麗富饒的美索不達米亞平原。底格里斯河和幼發拉底河自西北向東南流經全境，兩河流域是伊拉克人口稠密、農業發達的地區。伊拉克是巴比倫文明的發源地。1985年君主制崩潰後，伊拉克經歷了相當大的政治動盪，戰爭頻繁發生，現今的伊拉克依然動盪不安。

🌐 自然地理

占伊拉克國土大部分面積的是美索不達米亞平原，少數地區地形複雜，大部分地區海拔不到100公尺。西部是沙漠地帶，西南為阿拉伯高原的一部分，向東部平原傾斜。東北部是庫爾德山地。

以平原為主的地貌

兩河流域的沖積平原占伊拉克總面積的一半以上。美索不達米亞平原原為波斯灣的一部分。由於兩河由上游攜帶下來的泥沙不斷在海灣淤積，逐步形成了肥沃的沖積平原。這一平原被高原和山地所包圍，只是在東南面有長約60公里的海岸線，瀕臨波斯灣，成為伊拉克唯一的出海口。

以石油為主的地下礦產資源

伊拉克被譽為「漂浮在石

國 家 檔 案

全名	伊拉克共和國
面積	44.18萬平方公里
首都	巴格達
人口	約3,720萬（2016年）
民族	阿拉伯人占73.5%，庫德族占21.6%，其餘為土耳其人，亞美尼亞人，亞述人，猶太人和伊朗人等
語言	官方語言為阿拉伯語，通用英語
貨幣	伊拉克第納爾
主要城市	巴格達、巴斯拉、摩蘇爾

油海洋中的島嶼」。年已探明的石油儲量達1,150億桶，主要分布在73個地區，現僅開採了15個地區。石油儲量僅次於沙烏地阿拉伯和伊朗，居世界第三位。天然氣儲量約3.17萬億立方公尺，占世界總儲量的2.4%。

伊拉克的國土大部分坐落在美索不達米亞平原之上，著名的古巴比倫文明即發祥於此。

🏛 歷史文化

在6,000多年的漫長歲月裡，生活在這片肥田沃土上的各族人民，創造了輝煌燦爛的文化和歷史。伊拉克在1920年獲得完全獨立。1958年7月14日成立伊拉克共和國。1980年～1988年爆發了長達8年的兩伊戰爭。1991年又爆發了波斯灣戰爭，伊拉克大敗。1998年初，圍繞武器核查問題，引發海灣地區以及伊美關係緊張，美國最終決定通過武力解決這一問題。2003年3月20日，美國對伊拉克開戰。戰爭摧毀了許多古蹟和文明，對伊拉

克人民來說，這無疑是一個沉重的打擊。

*編按：2011年，美軍全面退出伊拉克。然而2014年，恐怖組織ISIS在伊拉克重燃了戰火。

阿拉伯椰棗節

椰棗在阿拉伯國家的經濟和人民生活中，擁有十分重要的地位，被公認為幸福與吉祥的象徵。因此，1981年3月，阿拉伯國家商定，每年9月15日——椰棗的收穫之日，為阿拉伯的椰棗節。作為世界最大的椰棗生產國的伊拉克，對椰棗則更為重視，因為椰棗自古以來就和伊拉克人民有密切相連。每

逢椰棗節，伊拉克各地都要舉行慶祝活動，舉辦展覽會，大力宣傳椰棗樹的經濟價值，開展種植椰棗樹的活動。

禁忌與禮儀

伊拉克人素有殷勤好客的美德。平時，無論你到哪一位伊拉克人的辦公室或住宅，主人都會用熱茶和椰棗款待你。遠道而來的客人，主人必須請他們吃伊拉克名菜烤全羊、紅燒魚等。伊拉克為伊斯蘭教國家，穆斯林禁止吃豬肉和飲酒。

巴格達市內有近百座清真寺，卡齊邁因清真寺是其中較為著名的。

🏙 城市和地區

伊拉克位於兩河流域的富饒平原上，其城市大多依水而建，既有美麗的自然風光，又有現代都市的迷人生活。伊拉克燦爛的古代文明和現代都市的獨特風姿，更是給這個國家增添了無數歷史與現實相交融的色彩，吸引世界各地慕名而來的遊客。但戰爭給這個國家帶來了太多的不幸，許多城市都在戰火中毀於一旦。雖然伊拉克有豐富的石油資源，但長時期的國際制裁和戰爭使伊拉克的經濟依然難以發展。

首都巴格達

巴格達位於伊拉克中部，橫跨底格里斯河兩岸，是伊拉克政治、經濟、宗教和文化中心。8世紀～13世紀，隨著巴格達的不斷擴建與發展，其市區逐漸形成橫跨底格里斯河東西兩岸的格局，東西兩岸由先後建起的5座大橋相連。據說，聞名於世的阿拉伯文學名著《一千零一夜》，就是從這個時期開始流傳的。

巴比倫

巴比倫是世界古城遺址和人類文明的發祥地之一。它位於伊拉克首都巴格達西南幼發拉底河右岸，建於西元前2350多年，是與古代中國、印度、埃及齊名的人類文明發祥地。西元前2000年～西元前1000年曾是西亞最繁華的政治、經濟以及商業和文化中心，這裡還曾是古巴比倫王國和新巴比倫王國的首都。古巴比倫城垣雄偉、宮殿壯麗，充分顯示了古代兩河流域的建築水準。幼發拉底河自北向南縱貫全城，被列為古代世界七大奇蹟之一的巴比倫「空中花園」，依偎在幼發拉底河畔。

「女神門」是古巴比倫城的精華之一，這座城門高12公尺、寬近20公尺，是古巴比倫城的要塞。重建後的城門已沒有當年的氣勢，但人們依然讚嘆其無與倫比的建築藝術。

這是巴格達著名的齋月清真寺，它的圓頂上飾有阿拉伯式的蔓藤花紋，其亮麗的伊斯蘭教圖案為巴格達增添不少色彩。

伊朗

IRAN
جمهوری اسلامی ایران

伊朗位於亞洲西南部，屬中東地區國家。伊朗同土庫曼、亞塞拜然、亞美尼亞、土耳其、伊拉克、巴基斯坦和阿富汗相鄰，北隔裏海與俄羅斯、哈薩克相望，南瀕波斯灣和阿曼灣，海岸線長2,700公里。伊朗素有「歐亞陸橋」和「東西方空中走廊」之稱，戰略地位十分重要。伊朗境內多高原，東部為盆地和沙漠。屬大陸性氣候，冬冷夏熱，大部分地區乾燥少雨。1979年，伊朗的最後一個國王被推翻，建立了今天的伊朗伊斯蘭共和國。

🌐 自然地理

伊朗境內高原和山地相間，平均海拔1,200公尺。中央高原地表較為平緩，四周為山脈所環繞，面積約占國土的一半；北部為厄爾布林士山脈，其主峰達馬萬德峰海拔5,671公尺，為伊朗第一高峰；西北部是亞美尼亞高原，多山間盆地；北部裏海和南部波斯灣、阿曼灣沿岸一帶為沖積平原；西南部和南部為許多平行的山嶺，把伊朗內地與海洋隔開；東部地區是乾燥的盆地，形成許多沙漠。沙漠和荒地占全國面積的1/3，著名的美索不達米亞平原的東南部在伊朗境內。

國家檔案

全名	**伊朗伊斯蘭共和國**
面積	164.5萬平方公里
首都	德黑蘭
人口	8,046萬（2016年）
民族	波斯人占51%，亞塞拜然人占24%，庫德族占7%，其餘為阿拉伯人和土庫曼人等
語言	波斯語為官方語言
貨幣	伊朗里亞爾
主要城市	伊斯法罕、馬什哈德、設拉子

伊朗西南部的札格洛斯山脈呈弧形，遠遠望去，錐形的山巔，浮雲繚繞，景色異常壯麗。

朝的統治。在塞琉古王朝之後，帕提亞王國崛起，取而代之，統治伊朗長達460多年。3世紀塞琉古王朝對外和羅馬帝國作戰，加上國內政局動盪，224年終於覆滅。伊朗進入薩珊王朝時期。王朝的奠基者阿爾達希爾武功顯赫，對外征戰頗有建樹。在此時期伊朗邁入封建社會。5世紀末期，摩尼教大起義，成為王朝衰落的轉捩點。

主要水系

伊朗南臨波斯灣和阿曼灣，這兩個海灣在伊朗經濟生活和政治上都起著重要作用。波斯灣是印度洋自然延伸的淺水邊緣區，處在阿拉伯半島和伊朗大陸南部之間，向東可通向阿曼灣。阿曼灣三面被陸地包圍，一面和印度洋相通，其北部是伊朗、巴基斯坦，南部是阿曼。

🏛 歷史文化

伊朗是個具有四五千年歷史的文明古國，古稱「波斯」。現在的伊朗是多種文化交匯之地。歷史的年輪在此記錄過征戰的浩劫，異族和列強蹂躪的屈辱，也顯現出多民族融合的情景。不屈的抗爭、失敗的彷徨與沉寂後的奮起，共同匯成一篇跌宕起伏的歷史樂章，構成一部斑斕繁複的文明巨著。

古代王朝的興衰

西元前6世紀，阿契美尼德部族強大起來，在居魯士的統領下推翻了米底人的統治。居魯士是個有作為的國王，攻滅米底亞後，又趁勢滅了巴比倫王國。居魯士戰死沙場後，其子岡比西斯繼承霸業，大肆對外擴張，兵鋒直指埃及，後受挫。國內發生內亂，岡比西斯急忙返回平息暴動，在途中暴斃。貴族大流士趁機殺死篡位者，奪取政權。大流士當政期間推行一系列改革，波斯帝國國力大增，盛極一時。大流士及其子薛西斯和前代帝王一樣窮兵黷武，西元前492年～西元前449年的希波戰爭使帝國元氣大傷，統治岌岌可危。

西元前334年，馬其頓亞歷山大東征，給風雨飄搖的波斯帝國最後一擊，伊朗進入「希臘化」時期，先後經歷亞歷山大和塞琉古王

伊斯蘭時代的伊朗

642年阿拉伯人滅亡薩珊王朝，伊朗淪為阿拉伯帝國的一個行省。隨著阿拉伯人統治的鞏固，伊朗社會逐步伊斯蘭化，伊朗人也接受了

沙法維王朝（1502～1736）是伊朗的一個王朝，王朝的創建者伊斯梅爾一世征服了伊朗大部分併吞並了伊拉克的巴格達和摩蘇爾省。

伊斯蘭教，這一文化變革影響深遠。9世紀中期，阿拉伯帝國走向衰落，伊朗出現一些小王國，又醞釀著新一輪改朝換代的契機。11世紀初，伊朗再次陷入外來侵略者之手，塞爾柱突厥和花剌子模先後乘虛而入，1256年蒙古西征大軍占領伊朗全境，建立伊兒汗國。1369年伊兒汗國被帖木兒所滅。在隨後的三個王朝中，薩法維王朝是伊朗歷史上較繁榮的時期，阿巴斯大帝在位時，王朝進入鼎盛期。

近現代的風雲變幻

愷加王朝的建立，標誌著伊朗進入了近代，隨之而來的是歐洲列強對伊朗的爭奪。1907年《英俄協定》的簽定，劃分了英俄在伊朗的勢力範圍。面對列強的瓜分，伊朗人民奮起反抗。此後掀起的立憲民主運動，將矛頭直指封建專制統治和

帝國主義侵略。1925年禮薩·汗發動政變，推翻愷加王朝，建立巴列維王朝。新王朝對內鞏固統治，實施改革，對外採取一系列強硬立場，收回部分主權。二戰後伊朗奉行親西方的政策，強制推行「白色革命」，激起廣大民眾特別是宗教界的強烈不滿。1979年，首都德黑蘭爆發起義，國王被迫逃離。宗教領袖霍梅尼返回伊朗，伊斯蘭革命宣告勝利。

花剌子密

花剌子密（約780～850）是伊朗在伊斯蘭時期阿巴斯王朝著名的數學家、天文學家、以及地理學家。他的著作《算數》和《代數學》具有重要的學術價值，而其中《代數學》在17世紀前一直是歐洲大學的專用教材。花剌子密不僅在數學方面頗有建樹，而且在天文、地理領

域也有傲人的成就。他參照希臘和印度的天文曆法，並結合波斯古代曆法，創立了著名的「花剌子密曆表」，成為東西方曆表的範本。結合考察實踐，他還編著《大地形狀》一書，提出了許多獨到的見解。花剌子密在西方享有盛譽，被稱為伊斯蘭世界最偉大的科學家。

地毯王國

地毯編織是伊朗的傳統工藝，在歷史上，波斯地毯以其質地優良、花色繁多、做工考究而著稱。從土耳其出土的一塊迄今最古老的地毯殘片，據考證來自西元前6000年的伊朗，因此，專家認為伊朗是世界地毯編織藝術的發祥地。伊朗地毯文化經歷各個歷史時期的發展日益豐富成熟，特別是在薩

伊朗是一個多民族的國家，各個民族舉行婚禮的儀式都不相同，但多數人還是走進清真寺裡接受真主的賜福。

法維王朝時代，地毯業達到一個鼎盛時期，無論是從圖案、色調還是編織工藝上，都體現出近乎完美的藝術特徵。這一時期流傳下來的地毯，每一件都堪稱精品。

伊朗地毯有三大特色，即選料極為嚴格講究，色彩絢麗，圖案多採用複雜的幾何圖形和旋轉的曲線圖形。在伊朗，地毯不僅僅是一種重要的傳統工藝，更是一種博大的文化，稱得上是伊朗的國粹。據統計，1994年伊朗地毯的生產達到750萬平方公尺，當年出口地毯價值200多萬美元，約占世界手工地毯市場份額的三成。近年來，伊朗地毯業的發展勢頭依然強勁，開始生產特大尺寸的地毯，繼續在國際地毯市場保持優勢地位。

開心果與魚子醬

開心果的種植在伊朗有幾千年的歷史，昔日多種在皇宮貴族的庭院裡，如今卻是大面積生產。伊朗開心果品質上乘，顆粒大，味道佳。其主產區在克爾曼省的拉夫桑加城周邊地區，伊朗90%以上的開心果出自這一地區。因該地土地優良、溫度適宜、陽光充沛，特別適合開心果的生長。開心果在種植方面相當費時，一般播下種子，要等3年後才開始生長，10年後才有收穫，但掛果期可長達40年。伊朗的開心果種類有十餘種，按果形可分為三類：特大形、圓粒形和長形。

波斯帝國都城波斯波利斯遺跡位於設拉子東北面，圖為宮殿內的石柱，高18公尺，柱頭雕飾以公牛圖案，它們的作用是用來支撐屋頂的。

魚子醬是伊朗的另一種名產，世界上有90%的魚子醬，都產自於伊朗裏海南岸的鱘魚。這裡出產的魚子醬外觀發亮，呈棕黃色或黑色，味道十分鮮美，被讚譽為「金魚子醬」。

伊朗的波斯古典詩聞名於世界，其繪畫藝術也久負盛名。這幅名為《北方的村莊》的藝術畫曾在美國華盛頓展出。

珍寶博物館

珍寶博物館設在伊朗中央銀行的地下大廳。它收藏自薩法維王朝以來數百年積累下來的國寶，是世界最著名的珍寶館之一。整個博物館面積近1,000平方公尺，建有三道鐵門，牆壁厚達2.5公尺，並且戒備守衛森嚴，可以說是固若金湯。館藏的稀世奇珍有愷加王朝和巴列維王朝的王冠、純金地球儀和孔雀寶座等。巴列維王冠上鑲有3,380顆鑽石，總重達2,000餘克拉，還鑲嵌有368顆珍珠，可謂價值連城。純金地球儀重37千克，上面鑲嵌著4萬多顆紅、藍寶石，鑽石。「孔雀寶座」是館中

庫姆在伊朗有特殊的地位，它被奉為「聖城」，這裡有1000多年前興建的大清真寺。每逢穆斯林節日時，這裡總是人山人海。

最大的展品，長3公尺，寬2公尺，由10根立柱支起。寶座外為貼金包裹，四周刻有色彩斑斕的花飾，繁花似錦，叫人嘆為觀止。

伊朗國家博物館

伊朗國家博物館，位於德黑蘭市中心的霍梅尼大街，建造於1937年，是世界六大歷史博物館之一。博物館收藏有伊朗史前和各個歷史時期的考古發掘文物。其中有出土於錫亞爾克的陶器、出土於裏海和亞塞拜然的赤陶、出土於洛雷斯坦的銅器、精美的大金杯、「漢摩

藍色清真寺是伊朗著名的伊斯蘭教清真寺，從1612年阿巴斯大帝在位時起，花了30多年時間建成，20世紀又精心修葺。造型保持了傳統的波斯建築風格。

拉比法典」複製品等。另有大量體現阿契美尼德時代裝飾藝術的出土文物，還有遠溯至阿契美尼德時代和薩珊時代的鑲嵌工藝、錢幣、珠寶和日常用品。

設拉子是一座古老的城市，市內的那烏清真寺於875年建成，是伊朗最古老的清真寺之一。其內鋪著伊朗傳統的手工地毯，處處體現著古老、神聖和華美。

飾有大量浮雕的階梯是波斯波利斯遺跡中最宏偉壯觀的景象之一，這些浮雕刻畫了在波斯帝國時，服飾各異的朝貢者列隊前進的場面，顯示了這座古城昔日的繁榮。

🏙 主要城市

伊朗人口有一半以上居住在城市。大多數城市都是自古可灌溉的地方，兼具商業、手工業、宗教及行政的職能。和其他伊斯蘭世界的都市一樣，伊朗的都市也是以清真寺為中心，旁邊為市集，市集的外圈則為住宅區。伊朗目前的各大都市建設，一方面模仿歐式的外形，另一方面則仍保持寬廣的林蔭大道、綠意盎然的公園以及噴水池等波斯的都市特色。

西亞明珠：德黑蘭

德黑蘭是伊朗首都，全國最大城市，全國政治、經濟、文化和交通中心。德黑蘭有許多古蹟和博物館，著名的有：陳列歷史文物最多的考古博物館、伊朗中央銀行地下保險庫的珍寶博物館、以及專門展覽馳名世界的波斯地毯博物館等。舊城區的「巴剎」（在阿拉伯地區泛指集市或市場）是中東地區最大的，有100多年的歷史，貨品琳琅滿目，人流如織。德黑蘭是伊朗交通運輸的總樞紐，也是全國最大的工業中心，擁有紡織、石油提煉、製藥、水泥等工業，全國1/3的工業集中於此。製造業產值約占全國一半。德黑蘭市郊盛產小麥、水果和棉花，是伊朗重要的農業區之一。

伊斯法罕半天下

伊斯法罕市是伊朗中部

伊斯法罕市內有許多著名的名勝古蹟，市中心長方形的伊馬姆廣場（原名皇家廣場），長500公尺，寬160公尺，是沙法維王朝阿巴斯大帝當年檢閱軍隊和觀看馬球比賽的場所。

伊斯法罕省的省會，全國最大的紡織工業中心，第三大城市和千年歷史古都。伊斯法罕是伊朗最古老的城市之一。如今它是伊朗重要的工業中心，擁有現代化的鋼鐵、紡織等工業。整個城市依山傍水，氣候宜人，為遊覽勝地。主要古蹟伊瑪姆廣場、以及廣場四周的古建築群，被「聯合國教科文組

自由紀念塔屹立在德黑蘭市西部的自由廣場中央，是一座氣派雄偉、風格新穎的灰白色巨塔。伊朗人稱它為「伊朗的大門」。登上塔頂，德黑蘭全市的景色可以盡收眼底。

織」確認為世界文化遺產。在伊朗，人們常用「伊斯法罕半天下」的說法來表達對這座歷史名城的讚美之情。

東部聖城：馬什哈德

馬什哈德市是伊朗拉札維霍拉桑省的省會，伊朗第二大城市，海拔1,000公尺。馬什哈德市是一個工業城市和農產品集散地。工業主要有紡織、皮革製造、製糖、麵粉、地毯等工業。農產品主要是糧食、棉花、黃麻、絲、茶、瓜果、蔬菜等。該市為伊斯蘭什葉派聖地。伊斯蘭教名勝古蹟眾多，是伊朗及世界什葉派穆斯林朝觀的聖地，每年從外地來的朝觀者多達400多萬。

庫姆是伊斯蘭教什葉派中十二伊瑪姆教派著名的聖地和宗教活動中心，在清真寺門前隨處可見這種靠賣地毯和宗教飾品為生的小販。

 經濟

石油工業是伊朗的支柱產業，伊朗獨立以來，通過石油國有化等措施，獲得了巨額的石油收入，用來發展民族工業，使工業部門及結構有了明顯的改觀。過去伊朗的工業以紡織、食品、皮革和地毯織造等輕工業為主，其中紡織工業是僅次於石油的第二大工業部門。現在，機械、電子、鋼鐵和水泥等重工業迅速發展起來，擁有西亞地區最大的鋼鐵廠和水泥廠等。伊朗的經濟在長達8年的兩伊戰爭期間受到嚴重破壞，戰爭結束後，面對著百業待興的困難局面，政府開始了戰後重建。

豐富的資源

伊朗是世界第二大原油生產國，擁有世界10%的原油儲量和16%的天然氣儲量。截至2005年探明的原油儲量為1,332.5億桶，居世界第二位。大部分原油分布在與伊拉克接壤的胡齊斯坦省、以及波斯灣。天然氣總儲量為27.51萬億立方公尺，居世界第二位，主要分布在胡齊斯坦省和南帕爾斯地區。伊朗大量的天然氣資源處於非伴生油田中，一直沒有開發，這意味著伊朗有巨大的天然氣開發潛力。伊朗礦產資源豐富，經勘探有60多種礦產。探明銅礦儲量為30億噸，居世界第三位。探明鋅礦儲量為5,000萬噸礦石，居世界第十位。煤炭儲量為76億噸，鐵礦儲藏量約為47億噸。此外，錳、銻、鉛、

在德黑蘭繁華的商品市場，各種工藝品種類繁多，絢麗多彩。

硼、重晶石和大理石等資源也比較豐富。

農牧業

農業生產較落後，伊朗農業人口約占全國人口的43%。主要農產品有小麥、大麥、稻子、棉花、甜菜等。畜牧業較發達，多為遊牧和半遊牧，其中養羊業居重要地位，年產淨羊毛9,000多噸，為地毯織造業提供了充足的原料。優越的自然環境和大片的草原為伊朗畜牧業的發展提供了極為有利的條件。據統計，全國有牧場9,000萬公頃。目前畜牧業基本能滿足國內需求。伊朗南臨波斯灣，北瀕裏海，水域總面積為165萬平方公里，水產資源豐富，發展漁業有一定的自然條件優勢，盛產沙丁魚、鯖魚、鮭魚和鱘魚等。

賽普勒斯

CYPRUS

Κύπρος

賽普勒斯是地中海東部的一個美麗島國，地處亞、非、歐三大洲的海上交通要道，為地中海第三大島。與希臘、土耳其、敍利亞、黎巴嫩、以色列、埃及隔海相望，海岸線全長782公里。屬地中海氣候，夏季炎熱乾燥，冬季溫和濕潤。國土中部為平原，最高點為奧林波斯山。1974年土耳其軍隊入侵之後，賽普勒斯實行南北分治。南部稱「賽普勒斯共和國」；北部自稱為「北賽普勒斯土族邦」，但僅得到土耳其的承認。

國家檔案

全名	賽普勒斯共和國
面積	9,251平方公里
首都	尼古西亞
人口	117萬（2016年）
民族	希臘人占人口77.8%，土耳其人占10.5%，其他有少數亞美尼亞人、拉丁人等
語言	主要語言為希臘語和土耳其語，通用英語
貨幣	歐元
主要城市	利馬索爾

一個平原兩大山脈的地貌

古人把賽普勒斯的地形比作一張鋪開的鹿皮，東北部的卡帕斯半島相當於鹿的尾巴。從地形的起伏及土壤的特徵來看，賽普勒斯是土耳其的延伸。島的北部為狹長的凱里尼亞山脈，沿北部海岸形成一個陡峭的山脊。

島的西部是特魯多斯山脈，最高峰為奧林波斯山，它和北側山脈不同，森林茂密，斜坡布滿深溝，山峰成鋸齒狀。中部為美索利亞平原，是賽普勒斯農業中心。賽普勒斯的海岸線與山脈走向趨於一致。平原的東端是法馬古斯灣，西端是摩弗灣，漫長的海濱沙灘與幽靜的海灣構成一幅美麗的風景畫。

多種歷史文化的衝撞與融合

賽普勒斯最早的定居者是古希臘的邁錫尼人，經過漫長的歷史時期，邁錫尼文明衰落下去。地中海區域各民族的勢力此消彼長，對賽

普勒斯展開了激烈的爭奪。西元前8世紀，北非的腓尼基人來此殖民。在以後的幾個世紀裡，亞述帝國、波斯帝國、以及後來的馬其頓亞歷山大帝國，他們的鐵蹄都曾踐踏過這個美麗的海島。西元前58年，賽普勒斯成為地中海的霸主羅馬帝國下的一個行省。阿拉伯帝國崛起後，屢屢向地中海東部用兵，同拜占庭帝國進行較量，賽普勒斯成為兩大帝國的拉鋸地區。十字軍東征改變了地中海地區的實力對比，交戰雙方均大傷元氣，鄂圖曼土耳其帝國強大起來以後，逐步攻滅拜占庭帝國，在地中海東部占據支配地位，賽普勒斯被鄂圖曼土耳其帝國占領。

一戰後，因鄂圖曼土耳其帝國戰敗，賽普勒斯被割讓給英國。二戰後，賽普勒斯爭取獨立的運動風起雲湧，英國提出分別給予賽普勒斯希、土兩族自治的方案，希臘和土耳其兩族因此不斷發生流血衝突。最終在英國、希臘、土耳其三方保證下，賽普勒斯根據條約於1960年獨立。

賽普勒斯危機

在賽普勒斯歷史上，希臘和土耳其兩大民族的交流經常以武力的方式進行，積怨甚深，在現代更是剪不斷，理還亂。「賽普勒斯問題」是指其境內的希臘族和土耳其族之間長期存在的矛盾和

爭端，多年來一直是聯合國的政治議題之一。

賽普勒斯島上長期居住著希臘族和土耳其族。1960年，賽普勒斯宣布獨立，兩族組成聯合政府。1963年底，兩族發生武裝衝突，土耳其族另立「行政當局」。1974年夏，希臘軍人集團企圖推進賽希合併運動，土耳其以「保證國」名義進行軍事干預，控制了北部約占全島面積37%的領土。從此，賽普勒斯分為南北兩部分。賽普勒斯島問題從此演化為地區熱點，成為橫在希土之間的一顆炸彈，時不時牽動希土兩國的神經。1975年，土耳其族宣布成立「賽普勒斯土族邦」，之後在1983年

賽普勒斯氣候宜人，環境優美，帕福斯是漁業興旺的城市，也是旅遊勝地。

建立「北賽普勒斯土耳其共和國」。

古老傳統與現代風俗的集合體

賽普勒斯特殊的地理位置，讓它很早就將海外傳入的各種東西和純粹的地中海文化融合在一起，並仍保持原有的特徵。在幾個世紀的歷史中，希臘文明、土耳其文明、地中海文明以及亞細亞文明，已深深滲入到當地人生活的各個方面。島上的希臘族居民仍保持拜占庭時期的傳統。賽普勒斯大主教至今仍手執拜占庭皇帝欽賜的權杖，在舉行儀式時身披紫袍。

因歷史地理、文化傳統等方面的影響，賽普勒斯人的生活方式和傳統習俗主要是歐洲式的。賽普勒斯的許多風俗，都與基督教的傳統和宗教禮儀有關。在賽普勒斯關於維納斯誕生的傳說最為流行，現在把這一天作為洪水節來紀念，在正教復活節之後50天，是全島的海上節日，也含有紀念諾亞洪水之意。近代基督教傳統接受了使用蠟像獻給聖徒以求解脫苦難的做法。

島上唯一的內陸城市：首都尼古西亞

尼古西亞是賽普勒斯政治、文化、金融中心，位於國土中北部，派迪亞斯河流經市區，是賽島唯一的內陸城市，也是全國第一大城市。自12世紀建城以來尼古西亞一直是國都，至今已有800年的歷史。主要工業有機械、食品、纖維、皮革等。1974年後分裂成兩部分，中間分界線駐有聯合國維和部隊，自柏林圍牆倒了以後，是世界上唯一一個分裂的首都。北面是土族區，南面是希族區。尼古西亞是個商業城市，城西南的商業街縱橫交錯，更多的商店是賣旅遊紀念品的，最著名的紀念品是維納斯像。城內還有東正教大主教府、自由紀念碑、總統府和賽普勒斯博物館等著名建築。

賽普勒斯擁有8,000多年的歷史，在330年～1191年曾被拜占庭占領，今天在藝術館裡還能見到拜占庭式的油畫。

生氣勃勃的古城：利馬索爾

利馬索爾是賽普勒斯第二大城和最大的港口，是一座繁榮美麗、充滿活力和文化氣息的古城，位於賽普勒斯島南岸，是重要的商業和旅遊城市。這座小城今天已經發展成為著名的旅遊中心，城中古蹟眾多，保存了新石器時期的遺址和羅馬時期的古建築，還有中世紀的城堡和拜占庭時期的教堂。城中有一座具有歷史價值的建築物：古代都市阿馬尊提的遺像。這反映了賽普勒斯的歷史變遷。城內船舶、食品、香水製造業發達。每年夏季，會在一座著名的大型露天半圓形羅馬劇場內舉辦各種演出活動。為吸引遊客，每年都舉行利馬索爾國際藝術節、花卉節、水果節和狂歡節等各種文化、娛樂活動。

發展中的農業國

賽普勒斯自1960年獨立後，從本國國情出發，制定了相應的經濟發展計畫，加強基礎設施建設，實行對外開放，因地制宜發展本國經濟。在注重發展傳統產業的同時，重點發展以旅遊業為主的第三產業，利用地理優勢開拓歐洲市場。雖然經濟中存在工業基礎薄弱、產業結構單一、對外依賴性較大等問題，但國民經濟發展仍取得明顯成效。經過40多年的發展，已由20世紀70年代的一個農業國逐步發展成為以旅遊服務業為主要支柱產業的國家，現已被世界銀行列入已開發國家行列。主要工業有食品加工、紡織、煉油、建築等，加工製造業在國民經濟中占重要地位。採礦業，尤其是採銅業歷史悠久。

賽普勒斯的歷史艱難而曲折，1960年成立獨立的賽普勒斯共和國，首都的解放紀念碑就是這一歷史的見證。

土耳其

TURKEY
Türkiye Cumhuriyeti

土耳其位於亞洲的小亞細亞半島和歐洲的巴爾幹半島東部地區，東接伊朗，東北鄰喬治亞、亞美尼亞，東南與敘利亞、伊拉克接壤，西北和保加利亞、希臘毗連，西南瀕地中海，與近鄰賽普勒斯隔海相望，扼黑海門戶。海岸線長3,518公里。沿海地區屬地中海氣候，內陸為大陸性氣候。大部分土耳其人生活在國家的西半部，東部和東南部一直到小亞細亞高原，是庫德族居住的地區。土耳其所處的位置使它在黑海、地中海和中東地區都具有重要影響力。自蘇聯解體後，土耳其一直致力發展同中亞國家的貿易關係。

國家檔案

全名	土耳其共和國
面積	78.36萬平方公里
首都	安卡拉
人口	7,981萬（2016年）
民族	土耳其人占80%以上，庫德族約占15%，其他民族約占3%
語言	土耳其語為國語
貨幣	土耳其里拉
主要城市	伊斯坦堡、伊茲密爾、阿達納

🌍 自然地理

土耳其地跨歐亞兩大洲，亞洲部分占97%，歐洲部分占3%。大部分為高原和山地，約占全國總面積的80%。國土呈東西走向狹長鋪展，長約1,500公里，寬約550公里。亞洲部分因被黑海、馬摩拉海、愛琴海和地中海三面環繞，故被稱為「小亞細亞半島」。

山脈和河流

土耳其位於亞洲最西部，地形東高西低，大部分為高原和山地，僅沿海有狹長平原。高山大河遍布全國。北有屈雷山脈、克爾奧羅山脈，東為卡德尼茲山脈，南有托羅斯山脈。位於東端的大阿勒山海拔5,165公尺，為全國最高峰。全國有屬於黑海、馬摩拉海、愛琴海等內陸流域7大水系的數十條河流。幼發拉底河和底格里斯河就發源於這裡，它們在土耳其境內的部分被稱為波斯灣水系。

黑海海峽

黑海海峽是連接黑海與地中海的唯一通道，包括博斯普魯斯海峽，達達尼爾海峽和處在兩者之間的馬摩拉海，戰略地位十分重要。東北端為博斯普魯斯海峽，西南端為達達尼爾海峽，兩海峽之間是土耳其內海馬摩拉海。1936年，土耳其同英國、法國、蘇聯、德國等國簽訂《蒙特勒公約》。根據該公約，海峽的管理權歸還土耳其。

土耳其橫跨歐亞大陸，是通向中東的海陸要衝和連接歐亞兩大洲的橋梁。其地中海沿岸的海岸線延綿曲折。

🏛 歷史文化

土耳其是一個領土橫跨歐亞大陸的亞洲國家，也是小亞細亞半島上唯一的國家。土耳其民族在中國古代史上稱為突厥族。在歷史上有多種文明在這裡交匯衝撞。土耳其曾是東羅馬帝國、拜占庭帝國、鄂圖曼土耳其帝國的中心，有著6,000多年的悠久歷史，集十多個不同文明的歷史遺產於一身，加上三面環海的地勢、以及內陸複雜的地理環境，使其擁有極為豐富的人文自然資源。

9世紀有許多基督教徒來卡帕多細亞山修行，他們將部分洞窟粉飾布置成教堂，在洞壁上畫上色彩繽紛的聖像人物。

突厥人的崛起

在古代，鄂圖曼土耳其是中亞的一支西突厥人的部落。西突厥在唐朝時期被唐軍打敗後，迫於壓力，逐步向西遷移，12世紀在小亞細亞的西北部定居下來。13世紀中葉，塞爾柱土耳其王國被西征的蒙古大軍所滅，在西突厥人酋長鄂圖曼的率領下，趁機打敗周圍許多部落，逐步取代塞爾柱土耳其王國的地位。14世紀中期，突厥人渡過海峽進入歐洲，占領了部分據點，開始向巴爾幹地區擴張。先占領了色雷斯東部，後又奪取了東羅馬帝國的布魯薩城，將其定為首都，1367年遷都亞得里亞堡，切斷了東羅馬帝國首都君士坦丁堡同巴爾幹各國的聯繫，使其陷於孤立。在

1389年的科索沃戰役中，土耳其打敗巴爾幹各國聯軍。面對咄咄逼人的入侵，匈牙利、捷克、波蘭、德國等中東歐國家遠征鄂圖曼土耳其帝國，但在尼科堡戰役中慘敗。從此，巴爾幹半島已無可以同鄂圖曼土耳其帝國抗

衡的力量。1453年4月，鄂圖曼土耳其帝國用20萬大軍、300艘戰船進攻東羅馬帝國首都君士坦丁堡。經過兩個月的激戰，攻陷這座古城，將其改名為伊斯坦堡，東羅馬帝國滅亡。

聖索菲亞大教堂是伊斯坦堡最大的教堂，是古代拜占庭的藝術傑作，它歷史悠久，幾經滄桑，經多次重建和改建而成。神聖的光芒從教堂穹頂的窗戶射入，交織在一起而營造出一種神祕的氣氛。

到蘇里曼一世在位時，鄂圖曼土耳其帝國達到鼎盛，其領土東起波斯灣，西至匈牙利，北抵高加索，南迄埃及和馬格里布的東部地區，並控制了紅海、黑海和地中海東部，成為地跨歐、亞、非三洲的大帝國。1569年，鄂圖曼軍隊在大陸擴張中被俄羅斯軍隊打敗。1571年，其艦隊在勒頒多海戰中被西班牙和威尼斯的聯合艦隊殲滅。鄂圖曼土耳其帝國在海陸兩條戰線上遭受重創，從此失去了大規模對外擴張的勢頭。17世紀以後，土耳其雖仍擁有廣闊的版圖，但因國內矛盾重重、內訌不斷、經濟因新航路開闢一蹶不振逐漸走向衰落。

上 ∣ 藍色清真寺，其內壁使用了兩萬多塊藍色的花瓷磚，鑲成大幅具有民族特色的圖案，配上絳紫色的土耳其地毯，精美絕倫，舉世聞名。

下 ∣ 布爾薩是土耳其西北部的古城，城內有許多名勝古蹟，包括清真寺和古墓。圖為建於1421年的大清真寺，規模宏大，是一座有20個圓頂的建築，以其內部有多種花紋裝飾的牆壁聞名於世。

土耳其是地跨歐、亞兩洲的國家，但土耳其人更願意強調自己是一個歐洲國家。從市場上的衣服和紀念品可以看出土耳其人在裝束和生活方式上更接近於歐洲人。

「西亞病夫」的屈辱

土耳其由於地處亞、非、歐三大洲的咽喉要衝，控制著東西方海陸貿易的通道，戰略地位極其重要，因而成為列強覬覦的肥肉。特別是沙皇俄國一直企圖南下控制黑海海峽，進一步宰割鄂圖曼土耳其，把勢力擴張到地中海、中近東及巴爾幹地區。

在近代歷史上沙俄一直是土耳其的最大威脅。1833年沙俄迫使土耳其允許俄國軍艦通過黑海海峽，禁止其他國家的軍艦進出。當時英、法等國在土耳其擁有重要的商業利益，加上擔心俄國勢力的壯大會危及它們在中東地區乃至印度的地位，英、法與俄國的矛盾和衝突不斷激化，從而引發了1853年～1856年的「克里米亞戰爭」。結果，俄國戰敗。英、法在地中海和黑海地區的勢力大大加強。原來處於土耳其治下的巴爾幹各國紛紛趁機於19世紀末20世紀初獲得獨立，從而使鄂圖曼土耳其帝國在歐洲的版圖急劇縮小。

第一次世界大戰爆發後，土耳其加入同盟國一方作戰。戰後，淪為任人宰割的戰敗國，被迫在1918年和1920年按照戰勝國的意願，簽訂了苛刻的停戰協定和喪權辱國的《色佛爾條約》，國家的領土喪失了4/5，在歐洲的領土除伊斯坦堡及其鄰近不大的一塊地區外，全部被列強瓜分，在西亞和北非的附屬國也全部被英、法、義占有。英、法軍隊接管了達達尼爾海峽和博斯普魯斯海峽，並進駐首都伊斯坦堡。

凱末爾革命

第一次世界大戰剛結束，英軍就企圖瓜分土耳其。希臘一直聲稱對小亞細亞愛琴海沿岸的領土擁有主權，這時在英國支持下趁機大舉入侵土耳其。土耳其民族生死

在一些落後地區還流行著傳統的陋俗，有很多人至今還受到割禮這種陋習的傷害。割禮典禮上的小男孩可愛而又無辜。

存亡之際，以凱末爾為首的「代表委員會」成立。在英國威逼下，土耳其蘇丹宣布凱末爾的救國運動是「叛逆行動」。1921年8月凱末爾指揮國民軍取得決定性勝利，直至全部收復領土。為了挽救民族危亡，凱末爾領導人民於1922年同蘇丹政府決裂，建立新議會和臨時政府，1923年協約國被迫和土耳其簽訂了《洛桑條約》。在取得獨立的基礎上，土耳其成立了共和國，凱末爾當選為首任總統。

鬥駱駝

土耳其每年要舉行兩鬥駱駝的比賽，都是選擇在雄駱駝發情的季節舉行。格鬥前，還要用摻入酒精的水給參與格鬥的駱駝喝，讓牠們進入亢奮狀態。格鬥開始前，會先將一隻母駱駝帶入場內進行挑逗，然後母駱駝被帶出格鬥場，這樣會使雄駱駝更加的暴怒。火候一到，先放出兩頭雄駱駝捉對廝鬥，互相拼命踢撞，直到一頭雄駱駝把另一頭雄駱駝踩在腳下，不能起來為止。每逢駱駝格鬥季節，土耳其境內熱鬧非凡。

土耳其料理

土耳其料理在世界上很有名，做法以烤、炸、煎、煮為主，擅長肉食的製作，集東西方大菜優點於一身，號稱「世界三大菜系之一」。儘管精心做出的料理看起來非常簡單，但其新鮮材料所具有的鮮美味道被巧妙地烹調出來。料理的種類非常多，有各種湯，有花色繁多的涼菜和著名的土耳其燒烤，還有肉類料理和魚類料理等。土耳其料理全部使用新鮮的材料。

內姆魯特‧達哥山位於土耳其的南部，海拔2,134公尺，這裡是卡美琴尼王朝國王安提俄克斯一世的陵墓，陵墓邊散落著的是許多巨大的石刻神像，其中包括安提俄克斯本人的頭像。

🏛 主要城市

歷史上的土耳其是以農業為主的國家，城市發展緩慢。20世紀50年代以來，土耳其進入城市化迅速發展時期。城市人口猛增使城市數量不斷增多。城市生活正成為土耳其社會生活的主體。伊斯坦堡、安卡拉、伊茲密爾是土耳其最引人注目的大都市。這些城市除了眾多的博物館、名勝古蹟、遺址之外，還有獨特的風情令人傾倒。土耳其人堅持穆斯林傳統，守著一份虔誠面對世事滄桑。

首都安卡拉

安卡拉是土耳其的首都，已有3,000年的歷史。它位於小亞細亞高原中部，是土耳其第二大城市。土耳其首都原為伊斯坦堡，20世紀初期，凱末爾領導人民進行資產階級革命，安卡拉成為革命中心，由於地理位置適中，交通方便，同時也出於安全考慮，革命勝利後，安卡拉變成為首都。它以政治中心和商業發達聞名，還是土耳其主要小麥產區之一。出產的安卡拉山羊及皮毛馳名世界。自古以來它就是交通要衝，鐵路和空中航線通向全國各地，是連接土耳其東西國土的樞紐。其中的

名勝古蹟有：阿塔圖爾克陵墓、赫梯博物館、丘布克水庫等。

土耳其格雷梅國家公園的卡帕多西亞奇石林，被譽為土耳其天然景致的王牌。這裡布滿了火山岩切削成的無數奇形怪狀的石筍、斷岩和岩洞。

伊斯坦堡風光秀麗，氣候宜人，加上名勝古蹟，古風新貌，構成一幅天然畫卷。

千年古都：伊斯坦堡

伊斯坦堡是土耳其最大的城市，位於博斯普魯斯海峽西岸，扼黑海門戶，處在歐亞交通要衝，戰略地位十分重要。伊斯坦堡歷史上曾名為君士坦丁堡，面臨博斯普魯斯海峽的金角灣，城區分兩部分，地跨歐亞兩洲。330年，羅馬帝國的皇帝君士坦丁把首都定在這裡，並把城名改為君士坦丁堡。羅馬帝國分裂後，這裡成為東羅馬帝國的首都，1453年又成為鄂圖曼土耳其帝國的首都。伊斯坦堡是土耳其最大的港口，工業、貿易和文化中心。工業主要有紡織、食品、煙草、船舶修理等。如今，伊斯坦堡已經發展成為人口多達900餘萬的城市，不僅人口居全國首位，也是全國經濟中心和最大港口。

愛琴海之濱的明珠：伊茲密爾

坐落在土耳其西部海濱的歷史古城伊茲密爾（古地名為「士每拿」），是全國第三大城市和第二大海港，它風姿綽約，獨具異彩，宛如鑲嵌在愛琴海邊的一顆明珠。伊茲密爾始建於西元前11世紀，曾經是希臘人的基地，希土戰爭中希臘人幾乎全部逃走或遭驅逐，城市的

大部分被焚毀。後來市區大部分重建，呈現出現代化的景觀。伊茲密爾在3,000多年的漫長歲月裡，屢經重建，然而伊茲密爾處在愛琴海古代文明發祥地域，因此至今還保留著不少名勝古蹟。著名的有：埃菲斯希臘古城遺址、聖母瑪利亞隱居地、塞爾柱古城遺址等。

詩一般的神話：
特洛伊古城

特洛伊古城遺址在土耳其西北端，靠近達達尼爾海峽。古希臘傳說西元前12世紀時，特洛伊王子帕里斯訪問希臘，拐走了美麗的王后海倫。為此，希臘人遠征特洛伊，兩國之間的戰爭爆發

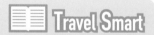

伊斯坦堡｜博斯普魯斯
多爾瑪巴赫切宮

1. 土耳其不但是東西方歷史的結合點，也是東西方地理的結合點，這個結合點就是橫跨兩岸的城市伊斯坦堡。

2. 博斯普魯斯在希臘語中是「牛渡」的意思，傳說古希臘萬神之主宙斯曾經變成一頭雄壯的神牛，駄著一位美麗的公主游渡海峽，因此而得名。

3. 多爾瑪巴赫切宮是鄂圖曼土耳其帝國的巨大宮殿。宮殿在1856年前後完成。

了。希臘人連攻9年不下，最後採納軍中智囊奧德修斯的計策，將一批精兵藏於一匹巨大的木馬腹內，放在城外，假裝退兵。特洛伊人把木馬當作戰利品拖進城內。夜間，士兵從木馬中悄悄出來，他們殺死了睡夢中的守軍，迅速打開城門，隱蔽在附近的大批希臘軍隊如潮水般湧入特洛伊城。希臘人把特洛伊城掠奪一空，最後燒成一片灰燼。木馬屠城的傳說雖未能得到證實，但1870年，深藏地層中30公尺的特洛伊城被發現。這座城市分為9個時期，9個特洛伊遺址呈現了不同時期的歷史面貌，也表明了特洛伊城悠久的歷史。

上 ｜ 土耳其王宮位於伊斯坦堡，建築精美，以精湛的雕刻和華麗的吊燈著稱。

下 ｜ 內姆魯特‧達哥山陵墓邊上的阿波羅神像，神情嚴峻凝視著遠方。2,000多年來，它見證著各王朝的盛衰起落。

🌐 經濟

土耳其是開發中大國，經濟綜合實力表現不俗，整體水準較高。目前，土耳其是世界上經濟增長最快的國家之一，是一個充滿活力和發展潛力的國家。1996年加入歐洲關稅同盟後，土耳其的目標是躋身世界經濟十強，並成為歐亞交匯點的金融、貿易、製造和出口中心。自20世紀80年代中期起，政府推行自由市場經濟，大力發展私營經濟，實行國營企業私有化，實現了由傳統的中央經濟向市場經濟的轉軌，私人資本不斷擴大，金融實現安全自由化。但在實現高速發展的同時，經濟出現高通貨膨脹、高財政赤字、高失業率以及社會收入分配嚴重不均等問題。

伊斯坦堡由於受到自然條件的限制，近海的平地很少，兩側都是100公尺或更高的陡坡，這些都成為交通上的障礙。1913年在金角上建造加拉塔橋和阿塔圖爾克橋，1973年又建成了橫跨歐亞大陸的大橋，從而方便了各部分的聯繫。

土耳其是一個開發中的大國，經濟實力不容忽視。其繁榮的市場上各種商品應有盡有，其中包括從埃及進口來的香料及調味品。

西亞農業大國

土耳其在西亞地區的農業發展成就相當引人注目。土耳其的農業發展成就得益於其氣候、地形、土壤等自然條件。沿海地區降水充沛，氣溫和光照能滿足多種農作物的生長需要。在高大的山脈上，冬季降雪在夏天融化為可用於灌溉的充足水源。內陸大片平坦或緩傾的土地是中等肥沃的土壤，適於大面積耕作。如今土耳其一半以上的人口從事農業，農業總產值約占國民生產總值的10%左右。土耳其糧食和水果自給有餘，而且有出口。著名的安卡拉羊在世界上負有盛譽。其60%的國土適於農業耕種，近年來機耕面積不斷擴大。

發展迅速的工業

總體上來看，土耳其工業基礎較好，具有一定規模，工業產值占國民生產總值的28%。工業成為其經濟發展的主要推動力。20世紀六七十年代基本屬於內向型經濟，自80年代中期起，推行自由市場經濟，進行私有化，經濟增長較快。土耳其工業以紡織、食品為主，石油化工和鋼鐵工業也有長足的發展。此外，土耳其還有汽車製造、水泥、製糖、屠宰和皮革加工等工業項目。土耳其輕工業不發達，因此同中國的經濟有很大的互補性。

📖 **Travel Smart**

雕塑

土耳其擁有很多傑出的雕塑藝術作品，最著名的是阿芙洛狄特城中的浮雕。這座古羅馬帝國時代的城市，是以古希臘神話中愛與美之神阿芙洛狄特的名字命名的，群山環抱，風光秀美。歷史上，這裡曾是祭祀的一個主要聖地。這座古城的浮雕大部分由當地生產的大理石雕成，工藝精緻，圖案精美，設計合理，可與同時代的羅馬雕塑作品相媲美。身披輕紗、儀態萬方、栩栩如生的女神像，工藝細膩典雅又雄偉壯觀，堪稱世界雕塑史上珍品。

敘利亞  *SYRIA*

الجمهورية العربية السورية

敘利亞位於亞洲大陸西部，北與土耳其接壤，東同伊拉克交界，南與約旦毗連，西南同黎巴嫩和以色列為鄰，西瀕地中海，海岸線長183公里。主要河流有幼發拉底河及其支流哈布林河等，最大湖泊為阿薩德湖。西側沿海低地屬典型地中海氣候，東側廣大地區屬大陸性氣候。大多數的敘利亞人認為現在的國家是1920年～1946年間法國殖民統治的產物，敘利亞應該是包括黎巴嫩、約旦和巴勒斯坦在內的「大敘利亞」。

國家檔案

全名	敘利亞阿拉伯共和國
面積	18.52萬平方公里（含戈蘭高地）
首都	大馬士革
人口	1.843萬（2016年）
民族	阿拉伯人占總人口的80%以上，還有庫德族、亞美尼亞人、土庫曼人等
語言	阿拉伯語為國語，通用英語和法語
貨幣	敘利亞鎊
主要城市	大馬士革、阿勒頗、霍姆斯

鮮明的三大地貌

敘利亞是西亞的阿拉伯國家之一，其國土由西北向東南傾斜，分為山地、平原、沙漠三類地形，整體上呈波狀起伏。山地主要有西部地中海沿岸山地、山間縱谷、中央高地、以及荒瘠的東部山脈；平原分布較分散，包括地中海沿岸平原、內陸平原和草原；東南部的敘利亞沙漠是阿拉伯大沙漠的延續，這個地區人口稀少，只有少數遊牧民族在此居住，沙漠中的德魯茲山就像一座淹沒在沙海中的孤島。

敘利亞國家的誕生

敘利亞有4,000多年歷史。西元前3000年就有原始的城邦國家存在。西元前8世紀被亞述帝國征服。西元前333年，馬其頓軍隊入侵敘利亞。西元前64年被古羅馬人占領。7世紀末併入阿拉伯帝國的版圖。11世紀遭到歐洲十字軍的入侵。13世紀末起，受埃及馬姆魯克王朝統治。在1516年～1918年為鄂圖曼土耳其帝國統治。1920年4月，淪為法國的委任統治地。第二次世界大戰初期，英國軍隊和法國的「自由法蘭西軍」一

敘利亞的地理位置及地形特徵使其具有3種典型氣候，在西部臨地中海沿岸地區及北部的部分地區屬於地中海氣候，葡萄及橄欖多種植於這一地區。圖為正在收穫橄欖的敘利亞婦女。

同開入敘利亞。1941年9月27日，「自由法蘭西軍」總司令賈德魯將軍以盟國名義宣布敘獨立。1943年8月敘成立自己的政府，1946年4月法國和英國軍隊被迫撤走，敘利亞取得完全獨立，建立阿拉伯敘利亞共和國。1958年2月1日，敘利亞和埃及合併為阿拉伯聯合共和國。1961年9月28日，敘利亞脫離阿聯，重新建立阿拉伯敘利亞共和國。

*編按：自2011年至今，敘利亞爆發內戰，導致境內人民流離失所，而逃至國外的大批難民潮就有數百萬之多。

風俗習慣

敘利亞人的名字由三部分組成，第一部分是本人名，第二部分是父名，第三部分則為祖父名，這說明當地以父系為主導的男子血統占重要地位。浴室相親是大馬士革的一種相親形式。小夥子的母親若為兒子看中某一位姑娘，就會邀請這位姑娘及她的母親在公共浴室一起沐浴，然後一起進餐。若雙方父母都同意，姑娘只要連應三聲「我願意」，婚事就算辦妥了。在敘利亞一些地區，當新娘抵達新郎家時，要將別人送的一棵小草、以及一塊酵母粘在門上，這意味一對新人婚姻美滿，這叫做「粘小草」。

阿拉伯民族對詩的喜愛

阿拉伯民族是一個酷愛詩歌的民族，對詩的喜愛幾乎貫穿了敘利亞的整個歷史。統治階級愛詩並敬重詩人，也把詩歌作為政治鬥爭的手段和達到目的的媒介，這在一定程度上推動了詩歌的發展。詩人的社會地位很高，全國人民都是詩的愛好者和著名詩人的崇拜者，敘利亞就是一個詩人的樂園。在這種情況下，詩人層出不窮，較著名的有9世紀的阿布‧唐曼及11世紀的阿布‧阿拉‧馬阿里等人。在長期的歷史發展中，這種愛詩和詩人薈萃的現象成了敘利亞文化顯著特徵。

永不寂寞的城市：大馬士革

大馬士革是敘利亞首都，坐落在國土的西南部，地處敘利亞沙漠邊緣。已有4,500多年的歷史，有「天國裡的城市」之稱，是基督教徒和穆斯林探古朝聖的地方，也是世界上最為古老的城市之一。7世紀時大馬士革是阿拉伯帝國的商業和文化中心。阿拉伯古書裡寫著：「

在敘利亞至今還可以看到中世紀歐洲十字軍入侵時的城堡，這在當時是著名的要塞，如今是有名的旅遊景點。

阿茲姆宮位於敘利亞首都大馬士革，興建於1750年。廣闊的長方形庭院中有兩個大水池。廳堂和露天部分都用大理石、瓷器和精美的木刻裝飾，顯得富麗多彩。

久，上面布滿了青苔，大鐵輪兩側，用堅固的石磚牆把輪軸牢牢禁錮。巨型水車曾經多達30多輛，至今猶存22輛，已成為著名的古蹟。哈馬人世世代代在水車不絕的「咿呀」聲中生活，高聳的水車是哈馬古城的光榮。這裡除了著名的水車外，還有民間風俗博物館、傳統市場，有高聳入雲的清真寺、以及雄偉的艾法米亞等三大古堡。現代化的建築也與古哈馬的古蹟交相輝映。

人間若有天堂，大馬士革必在其中；天堂若在天空，大馬士革與它齊名。」大馬士革7,000年前即有人跡，歷來都是兵家必爭之地，眾多的國家都在這裡留下過印記。面對人世的滄桑起落，大馬士革似有一種欲語還休的神態。今天的大馬士革是敘利亞全國的政治、經濟、文化中心，同時也是全國鐵路、公路和航空樞紐。主要工業有紡織、食品、皮革、水泥等。市內設有著名的大馬士革大學和大馬士革博物館。名勝古蹟有清真寺、古城堡、古城門等。

水車之城：哈馬

位於敘利亞西部阿西河畔的哈馬市，是一座歷史悠久的古城。附近為灌溉農業區，這裡氣候濕潤，水草豐美，層林疊翠。特別是燦爛的文化遺址和令人神往的古蹟：哈馬水車，更是吸引著成千上萬的遊客。靠近水旁，舉目觀望，古老的哈馬水車屹立在池旁。在秋天明朗的藍空映照下，水車更顯得黝黑烏亮，氣勢不凡。這些沉睡了千百年的古老水車，有鋸齒般的大鐵輪，直徑足有10公尺多，因年月已

以農業和石油為支柱的經濟

敘利亞經濟以農業為主，工業基礎薄弱，國有經濟占主導地位，現代工業只有幾十年歷史。政府近年來發展經濟的基本方針是：大力發展農業、石油等支柱產業，在堅持和鼓勵私營經濟發展和在確保政局穩定的情況下，推動包括金融領域和國有大中型企業在內的經濟改革，積極鼓勵出口外匯。放寬私營經濟，擴大私營經濟和公私合營企業在國民經濟中的比例。2000年受國際原油價格上漲和經濟改革不斷深化的拉動，敘利亞經濟困難狀況有所緩解，農業也獲得豐收。

上 ｜ 大馬士革是敘利亞的經濟中心。其老城區的一部分街市仍不乏東方市場的景象，各種傳統的手工藝品以及各地的風味小吃在這裡都可以找到。

上 ｜ 大馬士革歷經4,500年的滄桑，有「天國裡的城市」之稱，是基督教和伊斯蘭教探古朝聖的地方。月光下的大馬士革城被星星點點的夜燈點綴著，現代氣息與宗教氣氛在這裡完美地結合在一起。

約旦  JORDAN
الأردن

約旦國名來源於約旦河，是1946年脫離英國而獨立的國家。位於亞洲西部，阿拉伯半島的西北，西與巴勒斯坦、以色列為鄰，北與敍利亞接壤，東北與伊拉克交界，東南和南部與沙烏地阿拉伯相連。約旦基本上是個內陸國，亞喀巴灣是唯一出海口。國土大部分為高原，屬阿拉伯高原的一部分。首都安曼和西部山地屬地中海氣候。

國家檔案

全名	約旦哈希姆王國
面積	8.934萬平方公里
首都	安曼
人口	945.6萬（2016年）
民族	大部分是阿拉伯人，其中60%以上是巴勒斯坦人，其餘為土庫曼人、亞美尼亞人和吉爾吉斯人等
語言	阿拉伯語為國語，通用英語
貨幣	約旦第納爾
主要城市	安曼、亞喀巴

傑拉什城內長達1,000多公尺的石柱長廊建築，充分顯示了古代約旦人民的創造力和他們的聰明才智。

死海

死海坐落於約旦河谷的最南端，在巴勒斯坦地區和約旦之間的裂谷中。面積1,006平方公里，平均水深300公尺。原為地中海的一部分，後因地殼變化同地中海分離，無出海口，現距地中海90多公里。它是陸地上的最低點。死海並不是海，其實是一個大鹹水湖。由於湖區氣候炎熱乾燥，蒸發量超過湖水收入量，使湖水不斷變淺變濃，終於發展成為今日含鹽量很高的鹹水湖。死海水中的含鹽量達到23%～25%，聞名於世界。

死海是一望無垠的綠色之海，水面好像漂著一層液體油脂，在太陽照射下閃閃發光。在清澈的湖水中，看不見一條魚、一隻蝦；在長長的海岸上不生寸草，更無林木；在寬廣的水面上，也望不見一隻自由翱翔的水鳥。死海的周圍顯得那麼寂靜、那麼荒涼、那麼冷漠，真的是一片死氣沉沉。只有死海岸邊的岩石，白裡泛青，顯得潔白莊重。死海還有一奇觀，因為含鹽量大，所以水的比重超過人體，因此當人進入海裡的時候，都會漂浮在水面，甚至還可以看書、睡覺，做各種動作但不會下沉。

約旦的地勢西高東低，西部多山地，東部和東南部為沙漠地帶，沙漠和半沙漠面積占全國面積90%以上。

約旦河

約旦河是約旦境內唯一的一條主要河流，它發源於黎巴嫩與敘利亞的天然國界線：阿夏伊夫山，由北向南進入約旦果爾谷地，最後注入死海，全長360公里，是世界上地勢最低的河。約旦河的支流有北部的雅爾木克河、南部的札爾加河以及其西側的發利亞河。由於支流河水的注入，約旦河水量大增，為約旦的灌溉提供了便利條件。

歷史上的約旦

約旦原是巴勒斯坦的一部分，西元前13世紀建立了最早的城邦。先後被亞述、巴比倫、波斯和馬其頓統治。16世紀歸屬鄂圖曼土耳其帝國。第一次世界大戰後淪為英國委任統治地。1921年，英國以約旦河為邊界，把巴勒斯坦分為東西兩部分，西部仍稱巴勒斯坦，東部稱外約旦。1946年3月22日英被迫承認外約旦獨立。同年5月25日，阿卜杜拉登基為王。1948年英國在英約協定期滿後又強迫外約旦簽訂為期20年的「同盟條約」。1948年5月，第一次阿以戰爭中約旦占領了約旦河西岸4,800平方公里土地。1950年4月，約旦河西岸和東岸合併稱為約旦哈希姆王國。

安曼

安曼是約旦的首都，歷史悠久。據考古發現，早在舊石器時代這裡就有人類繁衍生息。安曼是全國的政治、經濟、文化中心，又是一座既古老又現代化的城市。安曼常被稱為「白色的都城」，因為這裡的建築無論是遠古的還是現代的，無論是公共場所還是私人住宅，幾乎都用當地盛產的大理石、花崗石等材料建造。白色的建築隨山勢自然透迤，層層疊疊，錯落有致。全城分為舊城和新城兩大部分。在舊城區有繁榮的集貿市場，而在新城區則有許多現代化的建築。主要企業有日用品、食品加工

工廠和具有民族特點的手工業以及磷礦石加工、纖維、煙草、皮革、水泥等工廠。

佩特拉古城

佩特拉在約旦首都安曼南面200公里處，始建於西元前600年。佩特拉即所謂的「石頭城」，它幾乎是一個與世隔絕的世界，只有一條峽谷和外界相通。過了峽谷，視野豁然開闊，方圓幾十公里盡收眼底。群山嵯峨，奇峰兀立。石頭城的建築物全都是依傍山勢雕鑿而成的，這一奇景是大自然的「雕刻師」和能工巧匠共同創造的成果。最為著名的是哈茲那石宮，它是從陡壁上雕鑿出來的宮殿，具有羅馬式的建築藝術風格。這座石宮的建築順序是先削平半山腰，再開鑿石窟，最後才修建宮殿的。幾百平方公尺的大廳殿，居然沒有一根柱子，真是巧奪天工。石頭城幾經滄桑，不僅保留了石宮、石窟群，還保存了露天羅馬大劇場。看台呈扇形，有數十層石階梯。每10層的階梯中築有一個通道。整個劇場可容納幾千名觀眾。為了重現石頭城的盛況，佩特拉依山而建了一座博物館，大門外有幾尊含笑欲語的塑像，館內展出了許多珍貴的文物。

安曼是一座古老而又現代化的山城，城市建在海拔約700公尺高的小山丘上。

傑拉什

傑拉什建於西元前300年,有古希臘統治時的城市遺址,城內立著一行行高5公尺～6公尺、直徑1公尺的巨大石柱,這是古建築遺物。凱旋門也是古代有名的建築,進入凱旋門是圓形跑馬場。在跑馬場的一側,是依山而建築的露天劇場遺址,它可容納8,000名觀眾。在傑拉什還有宙斯廟、艾爾特爾廟、東羅馬帝國教堂、浴池等建築遺址。傑拉什建築群被人們譽為古代建築藝術的寶庫。

以勞務輸出為主的經濟

約旦以前是一個經濟發展比較落後的國家,可耕地面積小,資源較貧乏,經濟基礎薄弱。自20世紀70年代

安曼分為舊城和新城兩部分,舊城一帶的文物古蹟都保存得很好。夜幕下的安曼充滿了濃厚的民族特色和阿拉伯的風土氣息。

以來,政府採取經濟開放和貿易自由化政策,發展本國有特色的產業。另外,約旦重視並積極發展勞務出口和旅遊業,吸引外資。約旦在海外的勞務人員占約旦本國勞動力的50%,特點是以高級勞務出口為主,每年有大量的外匯從國外流進約旦國內。約旦還有2.5萬技術人員在美國工作,他們可以把掌握的新技術回饋到本國,使約旦的高科技發展緊跟世界潮流。

古老的扇形劇場就像是一把展開的巨扇,令人聯想到當年演出的盛況。

黎巴嫩 LEBANON

لبنان

黎巴嫩位於亞洲的西南部，地中海東岸，是一個夾在山脈、沙漠、海洋之間的狹長地帶，自然資源貧乏。它東部和北部與敍利亞交界，南部與以色列和巴勒斯坦為鄰，海岸線長220公里。屬地中海氣候，冬季雨量豐富，自西向東逐漸減少。黎巴嫩山西坡多雨，年平均降雨量為1,000毫米，北部山區年均降雨量為1,200毫米。內地乾燥。1975年開始爆發了一場穆斯林和基督教之間的內戰，黎巴嫩面臨分裂的威脅，後來在沙烏地阿拉伯的調解下，在1989年達成了和平協定。

國家檔案

全名	黎巴嫩共和國
面積	1.05萬平方公里
首都	貝魯特
人口	600.7萬（2016年）
民族	絕大多數是阿拉伯人，還有亞美尼亞人、土耳其人、希臘人等
語言	阿拉伯語為官方語言，通用法語和英語
貨幣	黎巴嫩鎊
主要城市	貝魯特、的黎波里

複雜的地形

黎巴嫩位於阿拉伯世界的心臟地區，地理位置十分重要。境內地形複雜多樣，國內50%以上是海拔1,000公尺以上的山地，僅西部海岸有狹長的平原，國土自西向東分為四條南北縱列帶：沿海平原、黎巴嫩山脈、貝卡谷地和外黎巴嫩山。沿海土地很肥沃，內陸基本是山區，險峻的黎巴嫩山脈高聳入雲，縱貫全境，山頂終年積雪，形成西亞特有的積雪山峰。境內河流眾多，均向西注入地中海。

在伊斯蘭教三大節日之一宰牲節上，要宰殺駱駝或牛羊來祭祀。

巴勒貝克神廟

　　巴勒貝克神廟位於貝魯特東北85公里的巴勒貝克鎮的貝卡谷地，即「太陽城」神廟。神廟修建於西元前2000年，是腓尼基人為祭祀太陽神巴勒而修建。這是一組神廟群，神廟一色用巨石壘成。正殿高達數十公尺，巨石均為長19公尺～20公尺，寬4.5公尺，厚3.6公尺，重量不等，最重的達到2,000多噸一塊。在祭祀大廳，古代用少女活祭的兩個祭壇上的「血槽」至今仍存。大廳西端為朱庇特神廟遺址，古時雄偉壯觀的科林斯式殿堂已不復存在，但殘存的6根巨石柱仍不減當年雄風。朱庇特神廟左側是建於西元100年的酒神巴卡斯神廟。巴卡斯神廟的前側則是愛神維納斯神廟，這座建於245年的圓形建築現已基本傾塌。1984年巴勒貝克神廟被列入《世界遺產名錄》。

留言崖

　　留言崖位於貝魯特以北山區離卡勒卜河不遠的山崖上，不同時代的人們用自己的智慧刻上了契形文字、象形文字、拉丁文字和阿拉伯文字等近20種文字。這是古時勝利的軍事統帥在此留下的光輝戰績。這裡最早留下的記載，是西元前13世紀埃及法老拉美西斯二世戰勝赫梯人的一段碑文。石崖留下最後記載的是阿拉伯人自己刻下的，上面寫著「1946年12月31日，最後一個法國士兵離開黎巴嫩」。

黎巴嫩的獨立歷史

　　黎巴嫩的歷史自西元前3000年阿拉伯半島的迦南人在黎巴嫩定居開始。西元前2000年為腓尼基的一部分，以後相繼受埃及、波斯、羅馬等統治。7世紀～16世紀併入阿拉伯帝國，16世紀又

黎巴嫩糧食播種面積10萬公頃左右,其中3/4種小麥。圖為黎巴嫩的麵包賣主在沿海的公路上賣特製的黎巴嫩麵包。

成為鄂圖曼土耳其帝國的一部分。第一次世界大戰後,英法入侵黎巴嫩,黎巴嫩淪為法國委任統治地。1941年11月26日宣布獨立,1943年成立黎巴嫩共和國,1946年12月,法軍全部撤離後,黎巴嫩獲得全部自主權。獨立後黎巴嫩國內教派之間不斷發生武裝衝突,加上以色列的多次武裝入侵,黎巴嫩國內戰火不斷。直到2000年,黎巴嫩政局才基本穩定,5月以色列從黎巴嫩南部撤軍,黎巴嫩收回被占領22年的國土,重建工作逐步展開。

民情風俗

黎巴嫩的社會風尚主要受宗教影響,提倡寬厚、仁慈、平等、博愛。人們見面總要熱情地打招呼,流行握手禮,在國際場合,採用國際通用的稱謂。黎巴嫩居民主要信奉伊斯蘭教,在日常生活中嚴格遵守伊斯蘭教的各種教規。

黎巴嫩有許多奇特的婚俗,有一種叫「當面灌水」。男方到女方家中相親時,姑娘要當著男方父母的面往水壺裡灌水,灌水時必須小心翼翼,避免把水灌到壺外。如男方父母感到滿意,再替兒子求婚。

中東的中心：貝魯特

貝魯特是黎巴嫩的首都,全國政治、經濟、文化和宗教中心,坐落於黎巴嫩山脈突入地中海的山岬上。在西

元前4世紀，黎巴嫩就具有古希臘文明的特點，它既是亞、非、歐三大洲的地理交界點，又是伊斯蘭教、基督教和猶太教三大宗教的中心。貝魯特的工業發達，全國工業企業的39%集中在此城。商業、財政、金融活動均具有國際性。作為中東重要海港之一的貝魯特，水深港闊，3個碼頭均可停泊幾萬噸級輪船。貝魯特同時也是座文化古城，城北約30公里處的勃洛斯鎮，保存有腓尼基人的村落和古羅馬城堡遺址的殘垣斷壁。

第二大城：的黎波里

的黎波里面臨地中海，為全國第二大城市，有著悠久的歷史。638年時阿拉伯人占據此地，1109年被十字軍征服，但在12世紀時又回到伊斯蘭教徒手中。後來受到馬木路克王朝和鄂圖曼土耳其帝國的統治。1918年被法國占領，黎巴嫩獨立時才歸還。的黎波里全城主要由兩個主要居民區組成，一個是「港口」，一個是「城區」。近年來城市的建設使新建築不斷增加，港口和城區已經連接起來。古城區的街道很有特色，市內還保留有古代的城堡和遺址，包括十字軍占領時所遺留下來的城堡和代表阿拉伯文化的遺址，這也使得黎巴嫩成為重要的旅遊中心。

的黎波里面臨地中海，由兩個主要居民區組成，一個是「港口」，另一個是「城區」。由於新建築的不斷增加，城區和港口已經連接起來。

以色列

ISRAEL
יִשְׂרָאֵל

以色列地處亞洲西部，地中海的東海岸，東北部與敍利亞為鄰，東接約旦，南連亞喀巴灣，西南面與埃及為鄰，北與黎巴嫩接壤，是亞、非、歐三大洲結合處，地理位置十分重要。海岸線長198公里。屬地中海氣候，夏季乾旱少雨，冬季溫和濕潤。根據1947年聯合國關於巴勒斯坦分治決議的規定，在該地區成立阿拉伯國家和猶太國家。1948年以色列國成立後，巴勒斯坦地區的阿拉伯人被迫離開了自己的家園，成為難民，生活在約旦和黎巴嫩。從那時起，以色列同巴勒斯坦以及周圍的阿拉伯國家一直存在著衝突。

國家檔案

全名	以色列國
面積	2.19萬平方公里
首都	建國時首都在特拉維夫，1950年遷往耶路撒冷，未得到普遍承認。1980年7月30日，議會通過法案，宣布耶路撒冷是以色列「永恆且不可分割的首都」，然而政府所在地仍以特拉維夫－雅法為主。
人口	852萬（2016年5月）
民族	猶太人占77.2%，阿拉伯人、德魯茲人及其他人占22.8%
語言	希伯來語與阿拉伯語均為官方語言，通用英語
貨幣	新謝克爾
主要城市	特拉維夫－雅法、海法、埃拉特

海法是以色列的重要港口和國際貿易中心。海法的住宅坐落在花園和大自然之中，景色幽雅秀麗。

有爭議的面積

根據1947年聯合國關於巴勒斯坦分治決議的規定，以色列國的面積為1.52萬平方公里。但由於1948年～1973年間爆發了4次阿以戰爭，以色列占領了約旦河西岸、加薩走廊、耶路撒冷和戈蘭高地。1994年5月和1995年2月，以色列分別從加薩和約旦領土撤軍。從1995年10月起至年底，以軍先後撤出位於約旦河西岸的傑寧、圖勒凱爾姆、納布盧斯、凱勒基利亞、伯利恆、拉姆安拉等6大城市。1997年1月以色列撤出希伯倫市80%的地區。1998年10月以巴簽署懷伊協議，規定以色列從約旦河西岸13.1%的地區撤軍。1999年9月，以巴簽署執行懷伊協議的《沙姆沙伊赫備忘錄》，但該備忘錄迄今未得到全面執行。現在以色列實際控制面積為2.5萬平方公里。

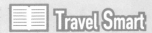

以色列的沿海平原,可以進行便利的灌溉,而且土地非常肥沃,隨著灌溉事業的發達,沿岸地區人口逐年增加,密度相當大,現在這裡已經成為以色列的心臟。

以色列國家的誕生

以色列歷史悠久,是世界主要宗教猶太教、伊斯蘭教和基督教的發源地。猶太人遠祖是古代閃族的支脈希伯來人。西元前13世紀末開始,從埃及遷居到巴勒斯坦,曾先後建立希伯來王國及以色列王國。西元前722年和586年,這兩個王國先後被亞述人征服和被巴比倫人滅亡。西元前63年羅馬人入侵,大部分猶太人被趕出巴勒斯坦。7世紀巴勒斯坦被阿拉伯帝國占領,阿拉伯人從此成為該地居民的絕大多數。16世紀巴勒斯坦被鄂圖曼土耳其帝國吞併。19世紀末,歐洲猶太資產階級發起「猶太復國主義運動」,並於1897年成立了「世紀猶太人復國主義組織」。1917年英國占領巴勒斯坦,11月2日發表《貝爾福宣言》,主張「在巴勒斯坦為猶太民族建立一個由公共法律保障的猶太人之家」。1922年,

國際聯盟通過了英國對巴勒斯坦的「委任統治訓令」,規定在巴勒斯坦建立「猶太民族之家」。以後,世界各地猶太人大批移居巴勒斯坦。1947年11月29日,聯合國大會通過決議,決定在巴勒斯坦分別建立阿拉伯國和猶太國。1948年5月14日以色列國正式成立。

特拉維夫－雅法

特拉維夫於1909年建成,在1950年與古城雅法合併,現在是地中海沿岸一座非常現代化的城市。它是以色列的財政、金融、商業貿易、交通和文化中心。特拉維夫－雅法在以色列經濟生活中居主導地位,職工總數占全國總數的25%,擁有全國半數以上的工廠,幾乎所有的使館、領事館也都設在該市。

混合型經濟

50多年來,土地貧瘠、資源短缺的以色列堅持走科技強國之路,重視教育和人才的培養,使經濟得以較快發展,1999年人均國民生產總值高達1.6萬美元。以色列高新技術產業發展舉世矚目,特別是在電子、通訊、電腦軟體、醫療器械、生物技術工程、農業以及航空等方面擁有先進的技術和優勢。

這是市場上出售的水煙袋,因為中東地區氣候炎熱,有許多人喜歡去海邊抽水煙,這已經成為中東地區的傳統。

巴勒斯坦

THE STATE OF PALESTINE

دولة فلسطين

巴勒斯坦位於亞洲西部，地處亞、非、歐三大洲交通要道，戰略地位十分重要。北接黎巴嫩，東鄰敘利亞、約旦，西南與埃及的西奈半島交界，南端的一角臨亞喀巴灣，西瀕地中海。西部為地中海沿岸平原，南部高原較平坦，東部為約旦河谷地、死海窪地和阿拉伯谷地。加利利山、薩馬里山和裘蒂山貫穿中部。梅隆山海拔1,208公尺，為全國最高峰。巴勒斯坦地區屬地中海氣候，夏季炎熱乾燥，冬季濕潤。南北雨量懸殊，最北部平均降水量900毫米，最南部僅50毫米左右。

國家檔案

全名	巴勒斯坦國
面積	6,220平方公里
首都	耶路撒冷
人口	1,200萬（2016年），其中包含加薩走廊和約旦河西岸人口481萬人
民族	主要民族為阿拉伯人，也有少數的猶太人
語言	通用阿拉伯語
貨幣	巴勒斯坦至今沒有自己的貨幣，使用以色列貨幣（新謝克爾）和約旦貨幣（第納爾）
主要城市	耶路撒冷、加薩

耶路撒冷爭議的原因

1948年5月以色列在耶路撒冷建國。1967年6月以色列頒布法律，宣布東西耶路撒冷合併，並將市區範圍擴大為176平方公里，把約旦河西岸的大片土地併入其中。聯合國曾多次通過決議，譴責以色列吞併耶路撒冷。1988年11月，獨立的巴勒斯坦國成立，宣布耶路撒冷為其首都。這時「對耶路撒冷的爭奪」成為數次大規模中東戰爭的核心內容。以色列人將它定為「永恆且不可分割的首都」，而巴勒斯坦人則發誓要為耶路撒冷進行聖戰。在巴勒斯坦地帶的中心，至今還有一塊巨大的阿拉法特畫像。畫中的阿拉法特手指著右下方，那裡有一行阿拉伯文字：「耶路撒冷，不得到你，我的夢想將不會完整。」

首都耶路撒冷

耶路撒冷是巴勒斯坦首都，也是一座令人神往的歷史古城。這裡有神奇的傳說、神祕的宗教、迷人的古蹟、獨特的情調……是基督教、猶太教、伊斯蘭教三

大宗教的聖地，故又稱「聖城」。1988年11月，巴勒斯坦宣布耶路撒冷為其首都。全城分為新、舊兩大城區，景色優美。新城區是19世紀後期建立起來的，有眾多的現代化建築、高樓大廈、繁華的街道、以及各種工業企業。舊城區由一道城牆團團圍住，城牆是16世紀土耳其人所建，1981年被列入《世界遺產名錄》，主要的宗教勝蹟集中在舊城區。

透過奧馬爾清真寺的柱廊，耶路撒冷的神聖依稀可見。

在巴勒斯坦隨處可見這種具有民族特色的繡花小帽和布袋出售。

歷史悠久的加薩

　　加薩坐落於地中海沿岸，歷史悠久，土地肥沃，地理位置重要，交通便利。城裡還有許多古蹟。加薩走廊是世界上最擁擠的地區之一，當地的阿拉伯人口不斷增加。這裡還設有14個猶太人居民點，居住著5,000多名猶太移民。由於瀕臨地中海，加薩在商業貿易上曾具有重大意義。羅馬統治時期，加薩的陶器、絲綢和釀酒業發展迅速，尤其是釀酒業享有盛名。加薩還是商業中心，當地居民主要從事農業、漁業及部分工業。

歷經磨難的歷史

　　巴勒斯坦古稱迦南，包括現在的以色列、約旦、加薩和約旦河西岸。羅馬帝國征服巴勒斯坦後，多次鎮壓猶太人並將大部分倖存者趕出巴勒斯坦，由此，猶太人流落到世界各地。16世紀起巴勒斯坦成為鄂圖曼土耳其帝國的一部分，第一次世界大戰後淪為英國的委任統治地。自此，阿拉伯人成為該地區的主要居民。英國占領巴勒斯坦後，將其分為兩部分，即現在的約旦哈希姆王國和巴勒斯坦。1988年以耶路撒冷為首都的巴勒斯坦國建立。1994年5月，根據巴以達成的協定，巴勒斯坦在加薩和傑里科實行有限自治。1995年以來，根據巴以簽署的各項協議，巴勒斯坦自治區逐漸擴大。現在，巴以之間的衝突仍然存在，聖地耶路撒冷一直是戰爭的核心所在，宗教賦予這個國家太多的神聖，也帶給它無盡

的災難，中東和平，依然是人們的希望。

以農業為主的經濟

　　巴勒斯坦的經濟以農業為主。農產品豐富，是巴勒斯坦的經濟支柱，也是外貿出口的重要組成部分。工業水準很低，規模較小。其他行業有建築、加工、手工業、商業和服務業等。另外，巴勒斯坦旅遊資源很豐富，如果不是受戰爭的影響，旅遊業發展應該也是國家收入的主要來源。1993年，奧斯陸和平協定簽訂後，國際社會為巴勒斯坦經濟發展創造條件，開始提供貸款給巴勒斯坦，以努力提高加薩走廊和約旦河西岸人民生活水準。但戰爭的陰影依然籠罩著巴勒斯坦，只有和平才是經濟發展的最後出路。

📖 Travel Smart

交通｜教育｜橄欖山

1. 巴勒斯坦民族權力機構管轄區內沒有鐵路。加薩國際機場是唯一的機場。

2. 巴勒斯坦教育狀況總體落後，目前文盲率為11.6%。

3. 橄欖山位於耶路撒冷舊城最東面，灰白色的石城牆隨著山勢蜿蜒起伏。這裡是全城的制高點，這座小山頭是耶路撒冷的戰略要點。

阿拉伯聯合大公國

亞洲

UNITED ARAB EMIRATES

دولة الإمارات العربية المتحدة

阿拉伯聯合大公國（簡稱阿聯）位於阿拉伯半島東部，北瀕波斯灣，海岸線長734公里。西北與卡達為鄰、西和南與沙烏地阿拉伯交界、東和東北與阿曼毗鄰。阿拉伯聯合大公國因由7個酋長國組成而得名，包括阿布達比、杜拜、阿治曼、沙迦、烏姆蓋萬、哈伊馬角和富查伊拉。7個酋長國都很小，又盛產石油，故有「油海七珍」之譽。阿聯由於扼波斯灣進入印度洋的交通要道和靠近荷姆茲海峽，戰略位置十分重要。阿聯屬熱帶沙漠氣候，夏季酷熱，冬季溫和，偶有霜凍，年降水量不足100毫米。

國家檔案

全名	阿拉伯聯合大公國
面積	8.36萬平方公里
首都	阿布達比
人口	927萬（2016年）
民族	外籍人口占4/5，主要來自印度、巴基斯坦等國
語言	阿拉伯語為官方語言，通用英語
貨幣	迪拉姆
主要城市	阿布達比、杜拜、沙迦

以沙漠為主的地貌

阿聯境內除東北部為海拔1,000公尺～1,500公尺的山脈外，大部分地區都是海拔200公尺以下的沙漠和窪地，地表覆蓋礫石，多沙丘，其間分布著少數綠洲。東部山地為阿拉伯半島上的哈賈爾山脈向北延伸部分，哈賈爾山是阿拉伯半島東部的地形屏障，其中的西耶涸河和哈姆涸河隘口是山間的交通要道。國土西半部地勢低平。沿海岸地帶為狹窄的平原，內地為低平的荒漠。

自然資源

由於海灣沿岸和內陸沙漠地區缺少雨水和地下水，天然植物較少，旱年幾乎不生長植物。在含鹽的土壤裡，植物更難生長。但是，在沙質沙漠內，儘管雨水不穩定，沙漠植物有適應環境的能力。波斯灣中水溫較高，常年在20℃左右，夏季水溫

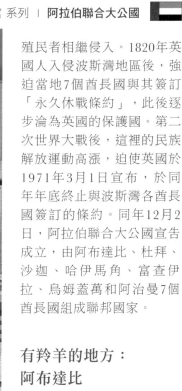

阿布達比被稱作為「波斯灣的花園」，整個城市都在綠樹的掩映之下。道路兩旁既有形式各異的摩天大樓，又有體現民族宗教風格的清真寺和宣禮塔。

殖民者相繼侵入。1820年英國人入侵波斯灣地區後，強迫當地7個酋長國與其簽訂「永久休戰條約」，此後逐步淪為英國的保護國。第二次世界大戰後，這裡的民族解放運動高漲，迫使英國於1971年3月1日宣布，於同年年底終止與波斯灣各酋長國簽訂的條約。同年12月2日，阿拉伯聯合大公國宣告成立，由阿布達比、杜拜、沙迦、哈伊馬角、富查伊拉、烏姆蓋萬和阿治曼7個酋長國組成聯邦國家。

有羚羊的地方：阿布達比

阿布達比是阿聯首都，也是7個酋長國中最大的一個，面積占阿聯總面積的3/4以上。在阿拉伯語中阿布達比有「羚羊之父」的意思，早年在沿海含鹽多的沙地上吃草的羚羊很多，故而得名，在古墓中珍藏的白羚羊浮雕，更展現了白羚羊在阿布達比的黃金年代。阿布達比在20世紀初還是個僅有幾千人的沙漠小鎮，居民多靠捕魚和珍珠採集業為生。1962年後，特別是1971年阿聯國家成立後，隨著石油大規模的發現和開採，昔日荒涼、落後的面貌已完全改觀。現在的阿布達比是世界人均收入最高的地區之一，也是全國的經濟中心和最大城市，市內商業、

可達32℃或更高。如此高的水溫適於珊瑚礁發育成長。珊瑚礁為珍珠貝提供了適宜的棲息地，因而海灣幾百年來就以珍珠海岸聞名，沿海還盛產魚類。另外，阿聯有著得天獨厚的石油資源，石油蘊藏量居世界第五位。

西方殖民者的入侵和國家的獨立

阿聯有悠久的歷史，古為特魯西爾諸國。7世紀隸屬阿拉伯帝國。自16世紀開始，葡萄牙、荷蘭、法國等

阿布達比是阿聯的最大城市和經濟中心,眾多的高樓大廈展示了這座城市的富有和活力。

工業、旅遊業興旺,許多辦公大樓、旅館和商業大廈拔地而起。同時這座城市又有自己的民族、宗教建築的特點,清真寺和宣禮塔點綴在城市之間,更增添城市獨特的魅力。

沙迦

沙迦(又譯作夏爾迦)瀕臨波斯灣南岸,為主要居民點,過去是一個漁港,現在已發展成一座現代化的城市,成為海灣地區一個繁華的貿易中心。市內建有政府辦公大樓、高級賓館、深水港和集裝箱碼頭及國際機場,還有聯合酋長國的漁業研究站。沙迦城市風景優美,如茵的綠草點綴著海邊美麗的花壇,繁榮的市場像是在述說著城市今日的成就,還有海風吹過時飄過陣陣的阿拉伯香料味,讓人們到了夜深也不願離去。沙迦是優雅的、繁榮的,也是現代的、國際的,它像一個友好的朋友一樣歡迎來自世界各地的客人。

以石油為主的經濟

阿聯的經濟以石油生產和石油化工工業為主,同時注重發展民族經濟。石油生產帶動了國民經濟的巨大發展,政府在發展石化工業的同時,其首要任務為:著重「發展多樣化經濟」、「擴大貿易」和「增加非石油收

這是杜拜市中心的廣場,每當出行高峰期到來時,這裡就會車水馬龍十分擁擠,杜拜商業和金融中心的地位顯露無疑。

駱駝是這個沙漠國家的特殊交通工具，受到人們的喜愛和尊敬。

入」在國內生產總值中的比例，積極改變以往過分依賴出口原油和其他初級產品的單一經濟結構，注意利用天然氣資源，發展水泥、煉鋁、塑膠製品、建築材料、服裝、食品加工等工業，重視發展農、牧、漁業；政府充分利用各種財源，重點發展文教、衛生事業，繼續完成和擴大在建的項目。阿聯已從過去那個貧窮、分散的酋長國，成長為一個地區的經濟大國。

迅速發展的郵電業

阿聯形成了遍布全國的郵電網，阿聯郵電服務專案齊全，除正常郵局的服務專案外，還有諮詢和國際快遞服務。先進的通訊技術已進入阿聯。電信設備開始實現電子化，全國有電話120萬部，移動電話142.8萬部，網際網路用戶達25萬戶，人造衛星通訊網同50多個國家相連，交通通訊極為方便。

左 ｜ 賽駱駝是阿聯的一種傳統風俗，也是婚禮上的一項重要活動，人們通常會穿上色彩鮮豔的衣服來參加這項活動。

巴林

BAHRAIN
مملكة البحرين

巴林是位於波斯灣西南部，位於卡達和沙烏地阿拉伯之間，距沙烏地阿拉伯的東海岸24公里，卡達西海岸28公里。由30多個島嶼組成，巴林島是巴林最大的島，海拔135公尺，長48公里，寬16公里。巴林島與附近兩島間有海堤相連，諸島地勢低平，最高點海拔137公尺，多屬石灰岩島。沙漠廣布，缺乏地表徑流。地下水較豐富，多來自流井和泉水。屬熱帶沙漠氣候，夏季炎熱，冬季溫和宜人。年降水量100毫米～125毫米。巴林石油、天然氣資源豐富，已探明石油儲量約1.09億桶，天然氣儲量約1,600億桶。

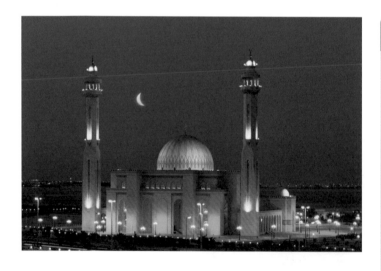

國家檔案

全名	巴林王國
面積	706.5平方公里
首都	麥納瑪
人口	137.8萬（2016年）
民族	巴林籍人占63％，其他為印度、巴基斯坦、孟加拉、伊朗、菲律賓和阿曼人
語言	阿拉伯語是官方語言，通用英語
貨幣	巴林第納爾
主要城市	麥納瑪

巴林國家的誕生

西元前3000年即建有城市。西元前1000年腓尼基人到此。7世紀成為阿拉伯帝國的一部分。1507年～1602年被葡萄牙人占領。1602年～1782年處於波斯帝國的統治之下。1783年宣告獨立。1820年英國入侵巴林，強迫其簽訂波斯灣和平和約。1880年淪為英國保護國。1971年8月4日，巴林宣布獨立。

首都麥納瑪

巴林首都麥納瑪位於巴林島東北角，是全國政治、經濟、文化中心，同時也是一座現代化的海港城市。全國約有1/3的人口集中在這裡。這座近20年發展起來的城市，是海灣地區的金融中心和貿易自由港。古老的氣息與現代化的設施形成鮮明的反差。高聳的樓群與阿拉伯老式民宅交相呼應，訴說著這座城市的古老；古老的

努力超越以石油為基礎的經濟，主要試圖通過政府資助的多樣化的努力運作，從而重點支持強有力的金融服務部門的發展。由於具有穩定的勞資關係和相對受到良好教育的20萬勞動力，這個島國有著良好的基礎設施，相當高的生活水準，長期的政治穩定狀態以及優惠的經濟政策。

曾經輝煌的珍珠業

巴林有豐富的珍珠資源，其採珠場曾是世界上最大的。巴林的珍珠品質優良，光澤奪目，在珠寶界聞名遐邇。巴林從事珍珠業的人數眾多，在繁榮時期，每年輸出的珍珠總值高達200萬英鎊以上。近幾十年來巴林的珍珠市場已逐漸蕭條，珍珠資源也不如以前那樣受到重視。現在巴林的珠寶商已屈指可數了，即便這樣，它繁榮時期的輝煌是任何人也無法否認的。

陶器是巴林人以前的容器，隨著經濟的發展，這些傳統的陶製的罐、壺和煙斗等已逐漸淡出人們的生活，現在成了裝飾品。

巴林人信仰的是伊斯蘭教中的遜尼派和什葉派。

雙輪無頂馬車與新型賓士轎車並駛在大街上；駱駝悠閒地躺在擁有億萬資金的銀行大門前。

良好的經濟環境

巴林被認為擁有中東地區最佳的商務環境，它已

巴林位於卡達和沙烏地阿拉伯之間的波斯灣上，由巴林島等33個大小不等的島嶼組成。圖為連接巴林和沙烏地阿拉伯之間的跨海大橋。

阿曼 OMAN

亞洲

سلطنة عُمان

阿曼位於阿拉伯半島東南部，與阿聯、沙烏地阿拉伯、葉門等國接壤，東北瀕臨阿曼灣，東南臨阿拉伯海。海岸線長1,700公里，扼波斯灣通往印度洋的交通要道。荷姆茲海峽是通往印度洋的門戶，富饒的海灣石油主要經過這條海路輸往世界各地。除東北部山地外，大部分屬酷熱乾旱的沙漠氣候。阿曼是阿拉伯半島第三大國家，也是海灣地區最不發達的國家。北部沿海和南部塞拉萊平原是人口最稠密的地區。石油使阿曼獲得一定的財富，也是其經濟的主要來源。

國家檔案

全名	阿曼蘇丹國
面積	30.95萬平方公里
首都	馬斯喀特
人口	335萬（2016年）
民族	絕大多數為阿拉伯人，另有印度、巴基斯坦等外籍人
語言	官方語言為阿拉伯語，通用英語
貨幣	里亞爾
主要城市	馬斯喀特、馬特拉

特徵分明的地貌

阿曼境內大部分是高原地區。特徵分明的地貌可分為三段：東北部為哈傑爾山脈，海拔1,000公尺～1,500公尺。其主峰沙姆山海拔3,352公尺，為全國最高峰。哈傑爾山西坡平緩，為200公尺～1,000公尺的高原。山麓有一系列綠洲。中部是平原，多沙漠和鹽灘。西南為佐法爾高原，土地較肥沃。

一把阿拉伯彎刀

阿曼的領土向南一直延伸到阿拉伯海西岸，另外還有一部分位於阿聯東北端穆桑達姆半島頂端，伸進荷姆

居住在阿曼內陸的婦女是很保守的，即使是走出來也全身緊裹，僅留兩隻眼睛在外面。

茲海峽中央，幾乎要同阿曼灣對岸的伊朗相連。阿曼整個西部的漫長邊界消失在一

望無際的沙漠之中。魯卜哈利沙漠杳無人煙，因此阿曼同沙烏地阿拉伯、阿拉伯聯合大公國的邊界，除了個別綠洲地段以外，幾乎沒有劃定，只是在地圖上用一條同海岸大體平行走向的弧形虛線來表示。因此阿曼的形狀看上去像一把阿拉伯彎刀，被人們遺忘在寧靜的阿曼海灣。

烏巴爾古城遺址位於阿曼西南部地區，這座消失了2,000年的古城原是西亞、北非和歐洲乳香和沒藥的貿易中心。

東西降落的地方：馬斯喀特

　　馬斯喀特是阿曼首都，它面向海洋、背靠崇山峻嶺，因此城市規模不大，是世界上最小的首都之一。馬斯喀特位於阿曼灣口，原是一個古老的港口，現在馬斯喀特不僅扼守著印度洋通往波斯灣的門戶，又是全國的政治、經濟、文化中心，也是國內外海、陸、空交通樞紐，其戰略位置十分重要。馬斯喀特在阿拉伯語的意思是「東西降落的地方」。

阿曼的歷史進程

　　西元前2000年時，阿曼已廣泛進行海上和陸路貿易活動，並成為阿拉伯半島的造船中心。1507年～1649年曾被葡萄牙統治。19世紀初英國迫使阿曼接受奴役性條約，控制了阿曼貿易。20世紀初，山區部落起義，成立了阿曼伊斯蘭教長國，並向馬斯喀特進攻。1920年英國和阿曼教長國簽訂了《西卜條約》，承認教長國獨立。阿曼分為馬斯喀特蘇丹國和阿曼伊斯蘭教長國兩部分。1949年英國控制了布賴米綠洲地區的石油勘探和開採權，加利布教長發動反英武裝鬥爭。1967年前蘇丹泰木爾統一阿全境，建立馬斯喀特和阿曼蘇丹國。1970年7月23日卡布斯執政，同年8月9日宣布改國名為阿曼蘇丹國。

馬斯喀特最東面的老城區依山傍水，山勢峭拔多姿，與海水相映，蔚為壯觀。老城中保留有兩座古老城門和一段城牆。

科威特  *KUWAIT*

دولة الكويت

科威特位於亞洲西部波斯灣西北岸，西部、北部與伊拉克為鄰，南部與沙烏地阿拉伯交界，東瀕波斯灣，與伊朗隔海相望。有布比延、法拉卡等9個島嶼，海岸線長290公里。全境屬熱帶沙漠氣候，氣候乾熱，年降水量25毫米～170毫米。地勢西高東低，東北部為沖積平原，其餘為沙漠平原，一些丘陵穿插其間。其地下蘊藏著豐富的石油和天然氣資源，使科威特成為世界第一富油國。科威特地下水資源豐富，但是無常年有水的河流和湖泊，淡水極少。

國家檔案

全名	科威特國
面積	1.78萬平方公里
首都	科威特城
人口	423萬（2016年）
民族	科威特籍人口占總人數的35%；外籍僑民占65%
語言	阿拉伯語為官方語言，通用英語
貨幣	科威特第納爾
主要城市	科威特城、傑赫拉

豐富的石油資源

科威特石油和天然氣儲量豐富，現已探明的石油儲量為136億噸，占世界儲量的11%，居世界第四位。科威特還擁有價值可觀的天然氣，儲量為2.5萬億立方公尺，占世界儲量的1.8%。石油以及天然氣工業，兩者是科威特財政收入的主要來源和國民經濟的支柱，其產值占國內生產總值的45%，占出口外匯的92%。波斯灣戰爭使石油工業受到嚴重打擊，大量的油井被蓄意破壞，但在國際社會的幫助下很快得到重建。除石油外，科威特可以利用的其他礦藏很少。

科威特是一個年輕又十分富有的國家，石油的發現使它成為世界上現代化水準最高的國家之一。大型的、現代化的商業中心和購物商場比比皆是。

環境與污染

科威特盛產石油，在最近的幾十年中，隨著工業化進程加快，石油在給科威特帶來大量財富的同時，也正在對這裡的生態環境造成威脅。在過去的幾個世紀裡，科威特漫長的海岸線上，沙灘一直是海龜理想的棲居和繁衍場所。但這裡從20世紀60年代發現石油開始，海龜平靜的生活就被打亂了，大批的煉油廠建立起來，噪音和環境污染讓海龜的生存受到威脅。如今，在長達290公里的海岸線上，城區、旅館和龐大的煉油廠星羅棋布，而海龜的棲息地則越來越少。

科威特國家的誕生

7世紀時科威特為阿拉伯帝國的一部分，1581年起哈立德家族統治科威特。薩巴赫家族原本居住在阿拉伯半島內志地區的阿奈札部落中，1710年遷移到科威特，1756年取得統治權，建立了科威特酋長國。1882年英國總督從巴斯拉遷至科

科威特城是全國政治、經濟、文化和交通中心，政府和國民議會都在這裡。

金融大廈的內部為複合式結構，與外部相比，建築風格更具現代氣息。

岸，它是全國的政治、經濟、文化和交通中心，政府、國民議會、國家石油公司、科威特中央銀行總部都設在這裡。科威特城坐落在藍色海灣邊的平坦沙漠上，一棟棟嶄新的高樓大廈高聳入天，一片片民族風格的別墅住宅排列有序，市內街道寬闊、草木蔥翠。科威特市的石油開採已使它成為中東最現代化的城市之一。附近的石油化工、煉油廠、金屬工業、水泥業、製船業等也比較發達。科威特市有兩個現代化的港口，可以停泊萬噸直至幾十萬噸的巨輪。科威特城交通四通八達，是阿拉伯半島的交通要衝。

解放塔

位於科威特城哈達街和阿卜杜拉·薩利姆街交匯處的解放塔主體高372公尺，居世界第五位。解放塔工程造價為5,000萬科威特第納爾。塔身還附有兩座大型建築。一座是由鋼筋混凝土骨架支撐的球形旋轉餐廳，是科威特城的最高賞景點，站在此處可以把全城風光一覽無餘。另一座是高6層的圓形辦公樓，作為各地方的技術檢測室。從塔底乘坐電梯升到旋轉餐廳和圓形辦公樓只需1分鐘。解放塔的修建有瑞士、法國、奧地利、波蘭、瑞典、英國和德國等多國參與，吸取了世界上最先

威特。1871年科威特成為鄂圖曼土耳其帝國巴斯拉省的一個縣。1899年，英國強迫科威特簽署《英科祕密協定》，英國成為了科威特的宗主國。1939年科威特正式淪為英國的保護國。1954年科威特成立了以酋長阿卜杜拉·薩巴赫為首的最高委員會。1960年從英國人手裡先後接管了司法權和貨幣管理權。1961年6月19日，科威特宣布獨立。1990年8月2日，科威特被伊拉克出兵侵吞，並由此引發波斯灣戰爭。1991年3月6日，波斯灣戰爭結束，科威特的政府官員返回科威特本土。

沙漠中的首都：科威特城

科威特城位於波斯灣西

進的造塔技術和經驗。造型別致的解放塔，遠遠望去，就像一支通天利劍，直指蒼穹。建造這座塔是為了適應世界資訊革命的需要，進一步提高和改善科威特的通信服務水準。

衣著裝飾

科威特人的祖先是沙漠中的遊牧民族，又是虔誠的伊斯蘭教徒。如今絕大多數人仍然保持傳統的生活方式和習慣。在衣著裝飾方面，男人們均習慣穿長袍、纏頭巾，女人則穿長裙、戴黑紗，男女老少均不穿鞋襪，這已成為難以改變的習慣。國王、首相和內閣大臣們穿著的大袍，其面料和製作十分考究，均為上等毛料或絲綢料，做工精細。男人們習慣手握串珠，根據身分不同，串珠的質料也不相同，其中高貴的是珍珠、寶石和瑪瑙。女人們則喜歡穿金戴銀。

現代化的標誌：水塔

科威特是一個嚴重缺乏淡水的國家，人民生活用水極少。過去人們要乘帆船到伊拉克境內的阿拉伯河取水。為了解決飲水問題，政府利用石油收入，以及波斯灣取之不盡的海水，興建了世界上最大的海水淡化廠，結束了艱難的缺水歲月。為了貯存淡化後的水，科威特政府在市區和海濱相繼建立許多水塔。這些水塔構成一幅獨特的城市景觀，其中矗立在東區東端海濱的3座大水塔最負盛名。這3座高塔構成一個塔群，屹立在伸進海灣的一個海角邊上，3塔並立，大小不等。塔身為白色，頂部均呈尖形，猶如即將飛入宇宙的火箭，劃破長空，蔚為壯觀。

以石油為主的經濟

石油是科威特財政收入的主要來源和國民經濟的支柱。科威特的主要油田布林甘油田，位於科威特東南部。布林甘油田是世界最大的砂岩油田，也是僅次於沙烏地阿拉伯蓋瓦爾油田的世界第二大油田。石油出口占出口總額的92%。進口商品有機械、運輸設備、工業製品、糧食和食品等。

科威特經濟發達，但人們很眷戀傳統的生活方式，女人仍然穿長裙，披黑紗，主婦一般都用茶和咖啡招待客人。

沙烏地阿拉伯

SAUDI ARABIA

المملكة العربية السعودية

沙烏地阿拉伯王國約占阿拉伯半島總面積的3/4，它東瀕波斯灣，西臨紅海，同約旦、伊拉克、科威特、卡達、阿聯、阿曼、葉門等國接壤。海岸線長2,437公里，周圍有珊瑚暗礁。西部高原屬地中海氣候，其他地區屬副熱帶沙漠氣候，沒有常年有水的河流與湖泊。在沙烏地阿拉伯和科威特之間，有兩塊相鄰的中立區（中立地帶），自1966年以來被兩國劃分，各自管理自己的那一部分中立領土。另一個中立地區是在沙烏地阿拉伯和伊拉克之間，1975年雙方協議平分中立區。

國家檔案

全名	沙烏地阿拉伯王國
面積	225萬平方公里
首都	利雅德
人口	3,228萬（2016年）
民族	絕大部分為阿拉伯人，外籍人口約占30%
語言	官方語言為阿拉伯語，通用英語
貨幣	沙幣（里亞爾）
主要城市	利雅德、吉達、麥加

季德高原，有圖懷克山脈。東部為波斯灣沿岸平原。南部是遼闊的魯卜哈利沙漠。紅海沿岸地區是寬約70公里的紅海低地。地面無常流河和湖泊，僅在低窪處，有地下水湧出地面，形成綠洲。沙漠約占全國面積的一半，故有阿拉伯半島的「沙漠王國」之稱。

阿拉伯半島的沙漠王國

沙烏地阿拉伯是阿拉伯半島最大的國家，國土大部分屬阿拉伯高原，紅海和波斯灣沿岸為平原低地。全境地勢由西向東成階梯狀。西、中部為高原山地，西部是希賈茲－阿西爾高原，其南段的希賈茲山脈，海拔在3,000公尺以上。中部為納

豐富的石油資源

沙烏地阿拉伯以「石油王國」著稱，石油和天然氣儲量極為豐富，是世界上石油儲量最大的國家，也是石油

沙烏地阿拉伯境內平原和一部分高原為沙礫覆蓋，沙漠面積約占全國面積的一半。

銷量和產量最大的國家。哈立德國王和法赫德國王執政後，積極利用石油收入劇增的優勢，發展非石油工業和農牧業，開創了沙烏地阿拉伯經濟高速發展的新階段，取得了舉世矚目的成就。位於中部胡富夫附近的蓋瓦爾油田是世界最大的油田。東北部的塞法尼耶油田是世界上最大的海上油田。世界上三個超級大油田，有兩個在沙烏地阿拉伯。截至2001年，沙烏地阿拉伯已探明的石油儲量為362億噸，占世界總儲量25%，居世界第一位。天然氣儲量為6.04萬億立方公尺，占世界天然氣儲量的4%，居世界前四位。按目前石油產量估算，沙烏地阿拉伯的石油仍可開採80年左右。

沙烏地阿拉伯國家的誕生

西元前，沙烏地阿拉伯境內已有阿拉伯人部落。7世紀，伊斯蘭教的創始人穆罕默德的一些繼承者建立阿拉伯帝國，8世紀為鼎盛時期，版圖橫跨歐、亞、非三洲。11世紀開始衰落，16世紀為鄂圖曼土耳其帝國所統治。19世紀英國侵入，當時沙烏地阿拉伯分漢志和內志兩部分。1924年內志酋長阿卜杜勒‧阿齊茲‧沙特兼併漢志，次年自稱為國王。經過30年征戰，阿卜杜勒‧阿齊茲‧沙特終於統一了阿拉伯半島，於1932年9月23日宣告建立阿拉伯王國，定9月23日為沙烏地阿拉伯國慶日。

利雅德居民的飲用水都是來自附近的自流井和城外的井水，造型各異的供水塔隨處可見。

嚴格的戒律

　　沙烏地阿拉伯是實行伊斯蘭戒律最嚴的國家。女子在沙烏地阿拉伯被視為「罪惡」的同義詞，女子身上的一切都被視為「不祥之物」，女子不僅要用長袍和棉紗把自己遮蓋起來，而且連聲音都不能讓陌生的男子聽到。在沙烏地阿拉伯，有專門為女人開的銀行、學校和娛樂場所，即使在公園也要分男女區。另外，沙烏地阿拉伯嚴禁一切偶像。後來又規定，只要不是以膜拜為目的的藝術雕塑和玩具洋娃娃等可以出售，但都是有身無頭。就連十字路口的交通牌上畫著的也是無頭行人。

沙漠中的花園：利雅德

　　利雅德位於中部地區，是沙烏地阿拉伯王國的首都，其傑出的建築可與世界上任何現代化城市相媲美。寬闊的大街穿過城市，縱橫交錯，組成一個令人難忘的交通網，而且這個網路仍在不斷擴大。利雅德源自阿拉伯語「花園」，意為有庭院和樹的地方。附近有很多乾枯河道，所以利雅德從古代起就是阿拉伯半島中部的一塊肥沃的土地。

伊斯蘭教第一聖地：麥加

　　麥加被譽為伊斯蘭教第一聖地，坐落在被稱為「易卜拉欣窪地」的涸河谷，它是聖人穆罕默德誕生地和伊斯蘭教發祥地。麥加是阿拉伯半島最古老的城市之一，是全世界穆斯林禮拜的方向和朝觀的中心。對於穆斯林來說，麥加是地球上最聖潔的地方。每天全世界10億穆斯林，不論身在何處，都要舉行五次向聖城麥加方向的禮拜。每個穆斯林在經濟條件許可和路途平安的情況下，一生須至少赴麥加朝觀一

利雅德發展迅速，市內有寬闊的廣場和馬路，房屋、商店等都是按最新的樣式建造的。國家博物館更是為這個城市增添了新的色彩。

Travel Smart

駱駝 ｜ 政體
福利 ｜ 交通

1. 在阿拉伯人居住的地區，沙漠占據很大面積，所以那裡的交通工具以駱駝為主，因而也產生了阿拉伯世界特有的沙漠騎警，駱駝是最合適的「巡邏警車」。

2. 沙烏地阿拉伯是政教合一的君主制王國，禁止政黨活動。無憲法，《可蘭經》和穆罕默德的聖訓是國家執法的依據。

3. 沙烏地阿拉伯是高福利國家，實行免費醫療。2000年沙烏地阿拉伯預算的10.8%用於醫療衛生。

4. 沙烏地阿拉伯逐年建成一個陸、水、空立體交通網，公路交通是主要運輸方式。

次。所以，聖城麥加每年接待來自世界各地大約200萬「哈吉」（朝觀者）。

吉達城內的薩菲爾清真寺風格獨特、色彩亮麗，給整個城市披上了一層濃烈的阿拉伯色彩。

伊斯蘭教第二聖地：麥地那

麥地那是伊斯蘭教第二聖地，這裡有伊斯蘭教創始人穆罕默德的陵墓。麥地那在阿拉伯語中的意思為「先知之城」，622年9月穆罕默德率穆斯林由麥加遷到這裡，建立了穆斯林公社。穆斯林公社的建立，標誌著政教合一的伊斯蘭國家的形成。麥地那自穆罕默德進入後一直是伊斯蘭思想中心，同時也是全球伊斯蘭學者、穆斯林學生彙集之處。

多樣化的經濟

沙烏地阿拉伯實行自由經濟政策，石油工業是經濟的主要支柱，在國民經濟中起主導作用。政府充分利用本國豐富的石油、天然氣資源，大力引進國外的先進技術設備，建立先進的外向型企業，逐步改變依賴石油出口的單一經濟結構。20世紀80年代起開始向多樣化經濟方向發展，以工農業為重點，逐步實現了糧食自給。政府鼓勵自由經濟和自由競爭，支持私人及合資企業經營發展專案。

沙烏地阿拉伯西部的漢志區為一片熔岩台地，山腳下則是廣闊的平原，上面覆蓋一層結晶岩。

麥加清真寺是伊斯蘭世界最為神聖的建築，它是伊斯蘭教的第一大聖寺，也稱麥加大清真寺、禁寺。麥加清真寺總面積達18萬平方公尺，可以同時容納50萬的穆斯林進行禮拜。這裡供奉真主的「克爾白天房」用黑色錦幔圍著，每年都有數以百萬計的穆斯林前來朝拜。

卡達

QATAR

قطر

卡達位於阿拉伯半島向北突入波斯灣的半島上。陸地與阿聯和沙烏地阿拉伯接壤；海上和巴林交界，現在兩國的海上邊界還存在爭議。海岸線長550公里。大部分國土是平坦的荒漠，並夾有沙漠、礫漠與岩漠，南部有沙丘。全境屬熱帶沙漠氣候，氣候乾熱。卡達是石油輸出國組織的創始成員國之一。大量的石油和天然氣資源使其成為該地區最富裕的國家之一。

左｜養鷹是阿拉伯國家的傳統，訓練一隻鷹通常要花去大量的時間和金錢。

隨著經濟發展水準的提高、以及城市的發展，現代化的購物商場逐漸建立起來。

熱帶沙漠氣候

卡達國土大部分為荒漠。耕地面積只有2.8萬公頃，綠洲稀少。小海灣較多，有一段被珊瑚礁所圍繞。東部是平原和沙漠，西部地勢略高，屬熱帶沙漠氣候，非常炎熱乾燥。全年無明顯四季之分，夏季是一年中最長的季節。地下水源貧乏，無長河，多乾河床，植被貧乏，多為荒漠植物。是乾旱少雨、氣候炎熱的國度。

古老的歷史

卡達自古以來就是波斯灣的繁榮地帶。西元前4000多年這裡就有人類生活。1555年土耳其將其併入鄂圖曼

土耳其帝國版圖，統治長達200多年。1846年薩尼·本·穆罕默德建立了卡達酋長國。1882年英國入侵，並宣布該地區為英國的「保護國」。1971年9月3日卡達宣布獨立，艾哈邁德任埃米爾。1972年2月22日埃米爾艾哈邁德被廢黜，其堂弟哈利法出任埃米爾，哈利法之子哈馬德任王儲兼國防大臣。1995年6月27日，哈馬德發動宮廷政變，推翻哈利法，出任埃米爾。

杜哈是卡達著名的旅遊城市，市區寬闊的街道兩旁布滿阿拉伯橡膠樹和尤加利樹。杜哈大清真寺前有一座富有伊斯蘭建築風格的鐘樓，聳立於海濱。

婚姻

政府規定，本國男子如娶本國女子為妻，可以得到政府一筆優惠貸款。第一次娶本國女子為妻，可領取1.3萬美元～2萬美元的貸款，第二次、第三次則依次減少。政府做這樣的規定是為了解決本國女子的婚嫁問題。卡達國內的外籍人士居多，娶外國女人為妻花費又較少，這樣一來，卡達的一般家境的男人都願意娶外籍女子為妻，於是本地女子的婚姻就成為社會關注的問題。

杜哈是一座現代化設施齊備的城市。隨著旅遊業的發展，著名的喜來登大酒店更是遠近聞名，它的附近還有一隻巨大的咖啡壺，這已經成了這座城市的象徵。

首都杜哈

杜哈是卡達首都，位於卡達半島東南岸中部，是全國政治、經濟、文化中心。杜哈原為小村莊，1867年的巴林和卡達之間的戰爭毀壞了這座城市，1916年成為英國的保護國之後，鎮上設有英國政治機構，成為英國控制卡達的中心。石油給卡達同時也給杜哈帶來了生機，現在的杜哈已是一座各種設施齊備的現代化城市。

逐漸發展的經濟

石油給卡達帶來了巨變，現在，石油和天然氣是國民經濟的兩大支柱，石油收入占國民收入的1/3以上。20世紀80年代後期以來，由於國際油價的浮動，政府開始注重發展其他工業，實行收入來源多樣化政策。卡達已成為世界最大的天然氣生產和出口國之一，擁有世界最大的出口液化天然氣碼頭。同時，卡達政府把實行私有化和對外開放作為發展經濟、創造就業機會和減少政府開支的一項重要政策，並與世界銀行合作制定了加速私有化進程的全面計畫。

葉門

YEMEN

الجمهورية اليمنية

葉門位於阿拉伯半島西南端，與沙烏地阿拉伯、阿曼相鄰，瀕紅海、亞丁灣和阿拉伯海，海岸線長1,906公里。北部多山，紅海沿岸有一片狹長的平原，南部主要是乾旱的山區和沙漠。葉門原為兩個國家，北部是阿拉伯葉門共和國，首都沙那；南部是較貧窮的葉門民主人民共和國，首都亞丁，它是1967年英國統治結束後，阿拉伯世界唯一的社會主義國家。1990年南北統一。境內屬熱帶沙漠氣候。沿海平原乾熱，山地和高原地區氣候較溫和，沙漠地區炎熱乾燥，為阿拉伯半島降水量最多的地區。

這是著名的「葉門之門」，相傳沙那原有高大的城牆，有8座城門。在20世紀60年代擴建時，大部分城牆被拆除，只留下一座城門，它位於老城正南方。

國家檔案

全名	**葉門共和國**
面積	55.5萬平方公里
首都	沙那
人口	2,605萬（2016年）
民族	絕大多數是阿拉伯人
語言	阿拉伯語為官方語言
貨幣	葉門里亞爾
主要城市	沙那、亞丁、荷台達

綠色王國

葉門地處阿拉伯半島的高原，高原和山地構成了葉門領土的骨幹。由於地處高原，三面環海，使得葉門成為阿拉伯半島上氣候溫暖、雨量充沛的地區。在這塊肥沃的土地上，葉門人民早就修築水壩，開闢田園，創造了半島上發達的農業。相對於阿拉伯半島的廣大沙漠而言，葉門是半島上物產豐富、水源充足的國家。據史學家考證，昔日的葉門水草更為豐美，綠洲範圍更為廣闊，是古代薩巴王朝的中心地，因而有綠色的葉門和幸福的阿拉伯國家之稱。隨著

沙那西北部的哈吉爾宮是希木爾王朝時期的建築。整個宮殿建在一塊完整的巨石上，所以被稱為「石頭宮」。

自然條件的惡化，葉門的氣候日益複雜化，綠色葉門逐漸成為了歷史。但與阿拉伯半島上的其他國家相比，葉門仍不失為半島上的樂園。

古老的歷史和南北葉門的統一

葉門有3,000多年文字記載的歷史，是一個歷史悠久的文明古國，是阿拉伯世界古代文明搖籃之一。16世紀後先後遭葡萄牙、鄂圖曼土耳其帝國和英國人入侵與占領。1918年鄂圖曼土耳其帝國崩潰，葉門建立了獨立的穆塔瓦基利亞王國，成為阿拉伯第一個擺脫殖民統治宣告獨立的國家。1934年，葉門王國在同沙烏地阿拉伯王室的戰爭中失敗，英國乘機迫使其簽署不平等條約，承認英國對南部葉門的占領，葉門被正式分割為南北兩部分。1963年南部人民在「民主陣線」領導下，舉行大規模的反英武裝鬥爭，1967年獨立，成立葉門民主人民共和國。隨著國際形勢的發展，南北兩國加快了統一的步伐。1990年5月22日為統一後的葉門共和國的誕生日。

高山之都沙那

葉門共和國首都為沙那市，是葉門政治、經濟、文化中心。由於人為和自然災難，沙那城多次遭到毀壞，也曾多次重建。1962年葉門革命成功後，定沙那為北葉門首都；1990年5月南北葉門統一，沙那為統一後葉門共和國的首都。沙那是一座純樸的阿拉伯城市，四周群山環抱，整個城市分為老城和新城兩部分，老城仍保留有許多歷史古蹟，被聯合國教科文組織列入世界文化遺產之一。

緩慢發展的經濟

葉門經濟落後，是世界上最不發達的國家之一。1996年起，政府開始實行旨在緊縮赤字、減少開支、降低通貨膨脹和保持匯率穩定的政策，並積極尋求國際援助，取得積極成果。近年來石油已經成為經濟的重要支柱。葉門未參加任何石油組織，因而不受國際石油組織配額的限制，在生產上比較具有自主性。政府極為重視石油的勘探和開採，力圖通過開發石油和其他礦產資源克服經濟困難。

沙那四周群山環抱，氣候溫和，空氣清新。老城的建築具有傳統的伊斯蘭建築風格，多用青石、白石和黃石疊砌而成，堅定而莊重。

大洋洲
OCEANIA

澳洲  *AUSTRALIA*

澳洲位於南太平洋和印度洋之間，由澳洲大陸和塔斯馬尼亞等島嶼組成，是一個孤獨的大陸，是世界上唯一一個由單獨國家占據一整個的大陸。它東瀕珊瑚海和塔斯曼海，北、西、南三面臨印度洋及其邊緣海，和布滿雪山冰河的南極洲隔海相望，距離其他有人定居的大陸都很遙遠。其海岸線長3.67萬公里。澳洲也是世界上最古老的土地之一，它像一片巨大的樹葉，孤零零地漂泊在煙波浩淼的大洋上，給人以遠離塵世、靜謐逍遙的感覺，多少年來一直是冒險家、航海者嚮往的地方。

國家檔案

全名	澳大利亞聯邦
面積	769.2萬平方公里
首都	坎培拉
人口	2,422萬（2016年9月）
民族	70%的人口是英國及愛爾蘭後裔，亞裔占6%，土著居民占2.3%，約46萬
語言	通用英語
貨幣	澳元
主要城市	坎培拉、雪梨、墨爾本、布里斯本、阿德雷德

🌏 自然地理

澳洲是世界上最平坦的大陸，整個大陸輪廓較為簡單，地勢低而平坦，平均海拔高度在350公尺左右。它又是一個多沙漠的國家，沙漠面積占全國總面積的40%。內陸地形單調乏味，但它四面臨海的位置又讓它擁有多種自然景觀。

單調的地貌輪廓

澳洲大陸輪廓比較簡單，根據大陸的地形特徵，可以明顯地分為東部山地、中部平原和西部台地。東部山地

澳洲最討人喜歡的動物是無尾熊，牠們胖胖的身體和憨態可掬的樣子非常可愛。無尾熊是澳洲的特產珍獸。

北起約克角，經南邊的維多利亞州，南至塔斯馬尼亞島。西部台地面積約500萬平方公里，占大陸面積的2/3。台地中部的廣大地區是大沙漠區，南部是納勒博平原，西部有阿納姆地、金伯利高原、達令懸崖等幾塊古老岩層組成的高地。中部平原介於東部山地和西部台地之間，自北向南可以分為卡奔塔利亞灣低地、艾爾湖盆地及墨累河－達令河盆地三部分。

無尾熊

無尾熊是像孩子一樣喜睡的有袋動物，牠們每天要睡18個小時，儘管白天有時會醒來，但牠們晚上更活躍。牠們的自然棲息地主要在澳洲大陸東南沿海，可以自由自在地生存10年～12年。無尾熊很少喝水，牠們所需的水分都來自尤加利樹葉。澳洲有600多種尤加利樹，可是無尾熊只吃其中的48種。由於牠們的食物尤加利樹葉中含有尤加利樹腦和水茴香，因此無尾熊的身上總是散發著一股清香。

大堡礁

大堡礁大約開始形成於一萬年前，是從月球上能看到、為數不多的世界奇蹟之一。從巴布亞紐幾內亞向南延伸到南迴歸線，長達2,000公里。這些暗礁在海水上形成了一條乳白色的鏈子，一些珊瑚島長滿了綠樹，生活著許多熱帶鳥類。大堡礁的珊瑚絢麗多彩，赤橙黃綠青藍紫各色俱有，數十億隻珊瑚蟲生活在這裡，牠們的骨骼形成了大堡礁的基石。1976年澳洲成立了國家海洋公園，以保護這個世界上唯一的海底公園。

艾爾斯岩

艾爾斯岩位於澳洲中部，被認為是全世界最大的一塊獨立岩石，至今已有4.5萬年的歷史。最新科學研究證明，裸露在地面的部分僅是巨石的一小部分，如同冰山一樣，真正巨大的體積還

澳洲有3.67萬公里長的海岸線，海岸線很少切割，屬於海岸線平直和輪廓簡單的大陸之一。

在人們的視線之下。艾爾斯岩隨著一日晨昏和陰晴的不同而色調各異，令人嘆為觀止。清晨或黃昏是觀賞艾爾斯岩的最佳時間。

🏛 歷史文化

澳洲的歷史正如馬克·吐溫在《赤道旅行記》中所描述：「充滿了驚奇、冒險、衝突、矛盾和不可思議。但這一切全都是真實的。」在200年間，澳洲從「不幸的歲月」一步步跨入「幸福的時代」，從一個與世隔絕、荒涼原始的大陸，發展成為一個發達富裕的國家。有人用「原始文明與現代文明並存」、「東方與西方聯姻」來形容澳洲的文化特色。的確，澳洲是一個與眾不同的國家，它曾是一個白人文化占統治地位的國家，卻又處在白人大陸以外的遙遠南方。作為一個移民國家和英國前殖民地，澳洲發展出豐富多彩的多元文化。在這裡，既有古老而神祕的土著繪畫和雕刻藝術、拓荒時代的叢林文學、歐洲古典與現代風格結合的芭蕾舞藝術、純樸清新的鄉村音樂等。

最早的探險家

1504年1月6日，比諾·波爾米納·德戈納維爾殿下坐上「希望」號帆船，從宏夫勒爾港出發去印度，在經歷了一場強風暴後，行船偏航，偶然發現了一塊南半球的如天堂般的大陸，比諾·波爾米納·德戈納維爾以法國國王的名義占有了這個次大陸。1605年荷蘭人揚森正式發現了澳洲的北岬角。1616年荷蘭人德克·哈爾托赫無意間登上了澳洲的西海岸。1642年，東印度總督安東·范戴曼派出了一支探險隊到澳洲西部進行探險。從加爾各答出發後，使者阿貝爾·塔曼斯登上了范戴曼陸地的西海岸（現在的塔斯馬尼亞），並以荷蘭的名義占有了這塊地方。不久以後，英國人威廉·丹皮爾掠奪了西班牙的美洲殖民地，以此來開發太平

烏盧魯國家公園位於澳洲大陸中部沙漠地帶，艾爾斯岩造型奇特，令人驚嘆。

澳洲最原始的居住者是當地的土著居民，為了抵抗侵略，他們自己發明了許多武器。圖中是澳洲人建造的土著人發射弓箭或標槍的一種器具模型。

洋。1688年他撰寫了一份報告讓英國當局把「羅爾布克號」船隊交給他，以便他能繼續探險，尤其是澳洲的西北部海岸。

澳洲的正式發現

1769年英國向南部海域派出了庫克船長率領的觀察隊，再次尋找南半球大陸。1770年4月觀察隊在澳洲東南沿海上岸。1787年5月13日，英國雪梨勳爵任命海軍上校菲力浦為澳洲新南威爾士的首任總督。1788年1月26日，菲力浦在傑克遜港建立了第一個殖民地，命名為雪梨，同時宣布英國

占領澳洲整個東部，雪梨成為英國在這塊大陸的殖民中心。

淪為英國殖民地

庫克船長發現澳洲後，很長時間內並沒有人去開發。直到美洲殖民地宣布獨立，並且接連拒絕接受流放者後，英國只好為他們的囚犯尋找新的流放地，於是選擇了澳洲。後來隨著英國本土對羊毛需求的增長，養羊業迅速發展為殖民初期唯一的商品經濟部門，這也進一步刺激了殖民主義者向雪梨以外地區的擴張。從18世紀後期到19世紀中葉的幾十年中，澳洲從英國的流刑

殖民區迅速發展成為近代殖民地。

第二次世界大戰爆發時，澳洲對德國宣戰。戰爭波及到澳洲本土，雪梨的戰爭紀念碑至今仍在城中高高聳立。

新的自由

　　澳洲和英聯邦內許多國家保持著緊密的聯繫，英聯邦在經濟以及戰略方面和倫敦一致對外。二戰後，澳洲加緊了移民，200萬移民以一種任何國家任何時期都沒有過的節奏來到這個大陸。澳洲從此變成了一個國際化和多元化的國家。1967年舉行了澳洲歷史上第一次有關土著人的公決，從此賦予土著澳洲人公民權。1974年，一項新的移民政策廢除了「澳洲白人主義」，取消了所有種族歧視。

布里斯本建於1824年，是當時放逐罪犯的殖民地。圖中的戰爭紀念亭一根根高大莊嚴的廊柱，痕跡班駁，殘留著殖民時期的風風雨雨。

澳洲的建築藝術的水準非常高，街頭的建築很有特色。

從殖民地走向獨立

　　早在1823年，新南威爾士就有一個總督提名的諮詢委員會，由政府官員組成，權力僅限於討論和批准總督提出的各項措施。在此基礎上，各殖民區逐漸成立了自己的立法委員會，進行自治。這種各自為政的狀態日益妨礙各殖民區間的經濟文化交流。澳洲人深感建立一個維護共同利益、不受侵犯的聯邦政府勢在必行。1891年各殖民區組成的聯合會議在雪梨頒布了《聯邦憲法草案》。經多次修改後，最終得到英王的承認，並於1901年1月1日正式公布。至此，澳洲聯邦正式產生，成為英國的自治領。

岩畫

　　在澳洲到處都能找到岩畫，但最有名的是北部地方阿納姆地西面、金伯利山區、西澳和昆士蘭北部約克

角半島的岩畫。阿納姆地的卡卡度國家公園的岩畫數不勝數,最古老的代表是米米岩畫作品。米米岩畫記錄了首批土著人打袋鼠的情景和場面。畫面上他們生活在坑坑窪窪的岩石裡,只是在天氣晴好風平浪靜時才出來打魚、畫畫,如果有異常他們會向岩石吹氣,岩石就會裂開讓他們進去,然後再合閉。

樹皮畫

樹皮畫直接受到夢幻時代的傳說的啟發,已經有9,000年了。在許多描繪動物的畫上都顯出了骷髏和內臟,繪畫者已經把牠們以食物形式看成一塊一塊的。其他細節,一般是看不見的。對於繪畫者來說,有獨特方法用來說明動物的雌雄,比如蜥蝪內部的蛋可以分清公母。繪畫行為主要是一種宗教活動,儀式一結束,作品一般就會被毀掉,因其已失去意義和價值。

土著人的宗教信仰

由於澳洲土著的宗教信仰在歷史條件上極為特殊,因而在學術上具有較高的研究價值。澳洲土著居民是世界上僅存的幾個保留著古代宗教,也就是法術信仰的民族之一。土著人認為,人和自然界的精靈之間有著血緣關係,這種關係正是生命的主要決定因素。他們大多相信魔法,認為人死後靈魂會升天。他們篤信人類群體與某一種生物之間存在著超自然的關係,並把其作為圖騰。他們認為圖騰與人類不僅有血緣關係,而且有某種相互感應力,圖騰可以影響人的境遇和命運。土著人通常多以澳洲特有的動物鴯、袋鼠等作為圖騰。

澳洲的議會大廈是一座標誌性的建築。

澳洲用它的寬大胸懷包容著來自於世界各地的各類文化。瑪蒂格拉狂歡節是同性戀者的節日，每到這時，場面熱鬧而壯觀。

大洋洲的花園：首都坎培拉

坎培拉是澳洲的首都，也是全國的政治和文化中心。它是一座年輕的城市，19世紀時這裡幾乎一片空白，1913年城市開始首次建設，在一戰時陷於停滯狀態，一直到1927年才基本建成。坎培拉北面和西面層巒起伏，中間有莫朗格洛河穿城而過，在城中形成長約8公里的格里芬湖。湖旁有一個碩大的鐵製空心地球儀，上面有明顯的線條標示著從大不列顛首次到達澳洲的路線。

格里芬湖把市區分為四部分。湖的南面是行政區，聯邦政府辦公機構、外國領事館、國防部大廈、法院、中

🏢 主要城市

城市的出現和演化，是澳洲殖民區發展的產物。澳洲的大城市多位於海岸地帶，中等規模的城市分布在礦產資源豐富的地方。其城市大多比較年輕，歷史不長。但其現代化進程令人吃驚，特別是大城市，基本上是美式建築。澳洲的城市還有一個顯著特點就是重視綠化，綠化被視為城市建設的生命。2000年雪梨成為奧運會主辦城市就得益於這一點。

旅行者騎著駱駝在澳洲的海灘行走，這是體驗澳洲文化的另一種方式。

雪梨是一個旅遊的好去處，交通發達，有密集的國內營運航線。

水馬龍的交通工具，沒有名勝古蹟，沒有那種遠古的、超人類的威嚴的逼視，沒有戰爭、革命與動亂的遺跡。這裡有的是開闊的空地，有的是因為車少人少而顯得永遠寬敞和平靜的道路。坎培拉可謂是世界上名列前茅的花園城市，有「大洋洲的花園」之美譽。

坎培拉國家圖書館，其四周由44根21.3公尺高的白色大理石柱圍成。

全國最大的城市：雪梨

雪梨是澳洲最古老、最龐大、最繁忙，而且也是最富有生氣的城市。雪梨曾是英國在澳洲的第一個殖民區——新南威爾士殖民區當局所在地。現在的雪梨是全國的金融和商業中心，也是重要的文化中心和工業城市。無疑，雪梨更是一個重要的商港。雪梨港闊水深，是現代化管理的世界大港之

央儲備銀行和造幣廠都設在這裡。湖的北面是商業區，有許多百貨公司、大餐廳飯店等。湖的西面是文化區，有國立大學、圖書館、科學院等。這一帶大多數是現代化建築物，配有現代雕刻和抽象壁畫，充滿了藝術的氣息。湖東面現在是軍官學校和飛機場所在地。從總體上說，坎培拉城市建築群布局嚴整。除格里芬湖旁有一些摩天大樓外，其他都是低層建築。

街道井然，交通方便。這裡沒有密如蛛網的道路與車

雪梨市區的大多數地方都呈現出一片寧靜、優美和潔淨的氣象。

尺，共有50層的圓形摩天大樓，興建於1958年。整座大樓內有各色各樣的行業。在第46層上還有市內最著名的旋轉餐廳，在這裡的任何角落都可以看到70公里以外的景觀：東眺浩瀚的太平洋，西望郊外的藍山，南瞰工業區和機場，北觀公園區和住宅區。阿曼魯曾是古雪梨的一條街名，這裡英國式的磚塊建築物都是1873年由罪犯所建造的，是殖民時代的代表產物。現在這裡成為美術品和手工藝品的展示所及販賣場。

新金山：墨爾本

墨爾本位於澳洲東南角波特菲力浦灣的雅拉河口，是維多利亞州的首府。墨爾本是澳洲傳統的金融、商業和工業中心。工業有重型機器、紡織、電子、化工等，因附近有金礦，所以有「新金山」之稱。雅拉河貫穿此城。城市的布局呈棋盤狀。100多年來，每年11月的第一個星期二，墨爾本都照例舉行全國性的賽馬錦標賽。每年3月的第二個星期一，墨爾本則舉行傳統的聯歡節：蒙巴節。墨爾本是澳洲繪畫藝術的發祥地，美術館、博物館的水準都很高。維多利亞藝術中心已經成為墨爾本的標誌。

一。沿岸一帶是懸崖峭壁，參差嶙峋，延綿不斷，為海港設立了天然屏障，擋住了太平洋上的狂風巨浪。在整個港口的風景中，港口大橋引人注目。它橫跨在傑克遜灣上，全長1,885公尺，從海面到橋頂點高達134公尺，它像一道橫貫海灣的長虹，連接著雪梨南北兩個區域。無論從空中還是海上，到達雪梨最先映入眼簾的就是這座大橋。大橋建成後，一度成為這座城市的象徵。

雪梨同其他大城市一樣，有鱗次櫛比的高樓大廈，有穿梭往來、無頭無尾的汽車長龍。其房舍和道路都建築在高低起伏的山丘上，馬路也隨著上坡、下坡、彎曲、坦直的地勢而改變。市區的大多數地方都呈現出一片寧靜、幽美和清潔的面貌。大多數商業大廈，建築都很美觀，均採用光滑的雲石、五彩石和大理石等高級材料築成。最熱鬧的國王廣場地帶，是鼎鼎有名的商業區和夜生活中心，也是詩人、畫家聚集的地方。不論是否週末、假期，這裡永遠車水馬龍。

這座城市更多的是美國風情而不是英國風情。靠近海港碼頭的地方有一座方形大廈，這是一座高達305公

🌐 經濟

澳洲是一個後起的工業化國家,第二次世界大戰後躋身於發達資本主義國家之列,農牧業發達,自然資源豐富,有「騎在羊背上的國家」和「坐在礦車上的國家」之稱,盛產羊、牛、小麥和蔗糖,同時也是世界重要的礦產資源生產國和出口國。農牧業、採礦業為其傳統工業。澳洲製造業不發達,高科技產業近幾年有較快發展,在國際市場上競爭力有所提高。自20世紀70年代以來,政府進行經濟結構調整,服務業得到迅速發展,占國內生產總值的比重逐漸增加,目前已達到70%左右。近年來經濟持續增長,經濟存在的問題是:經常項目赤字較大,國民儲蓄率偏低。

採礦業

澳洲工業以採礦業和製造業為主。澳洲擁有豐富的礦產資源。採礦業是澳洲的傳統產業,是最主要也是最發達的工業部門,在澳洲出口貿易中占很大比重。礦產品一半以上出口,出口量已超過羊毛。澳洲是世界礦產的主要供應國之一。其礦產資源豐富,至少有70多種。其中鉛、鎳、銀、鉭、鈾、鋅的已探明儲量居世界首位。19世紀的淘金熱可以說是澳洲採礦業發展的催化劑。第二次世界大戰後,大量地質勘探工作取得了重大的進展,新的礦產不斷被發現,採礦業突飛猛進。20世紀80年代進入了旺期。

墨爾本被雅拉河一分為二,高樓大廈與平靜的河面相互映襯。

發達的農牧業

澳洲的經濟發展一直與糧食生產和畜牧產品緊密相連。如今，農業在國民生產總值的比重有所下降，但仍不失為澳洲一個重要的產業部門，現在仍是世界上最大的羊毛和牛肉出口國。澳洲可利用的土地面積有限，種植作物的土地面積較少，可是種植業卻為澳洲提供了足夠的糧食、飼料作物和經濟作物等。澳洲是世界少數擁有豐富漁業資源的國家之一。這裡四面環海，但漁業並非其傳統收益來源，過去很長時間內很少注意開發利用海洋漁業資源。20世紀50年代起漁業活動起了很大變化。70年代初日本和蘇聯在澳洲沿海所不斷取得的成就，使澳洲做出了反應。除以更多的經費和法令來協助漁業發展外，澳洲積極同太平洋各國發展區域性合作。

左 | 20世紀70年代以來，澳洲政府調整了經濟結構，加大了第三產業的比重，服務業和商業迅速發展起來。

右 | 澳洲養羊業具有悠久的歷史，羊毛90%以上銷往國外。澳洲一直是世界上最大的羊毛輸出國。

澳洲四面環海，有得天獨厚的海洋漁業資源。

索羅門群島

SOLOMON ISLANDS

索羅門群島位於太平洋西南部，屬美拉尼西亞群島，西南距澳洲1,600公里，西與巴布亞紐幾內亞，東南與萬那杜隔海相望，共900多個島嶼。最大的瓜達爾卡納爾島面積6,475平方公里。境內多火山、河流。與其他群島相比，這裡的火山活動不頻繁也不劇烈，對當地居民的生產生活並不產生嚴重影響，所以索羅門群島又有「幸運之島」之稱。全境屬於熱帶雨林氣候，終年炎熱，無旱季。

國家檔案

全名	索羅門群島
面積	2.84萬平方公里
首都	荷尼阿拉
人口	59萬（2016年）
民族	93.4%的人屬於美拉尼西亞人，玻里尼西亞人占4%，密克羅尼西亞人1.4%，白種人0.4%，華人約700多人
語言	全國有87種方言，通用皮金語，官方語言為英語
貨幣	索羅門群島元
主要城市	荷尼阿拉

索羅門群島上有赤道地帶茂密的森林，由珊瑚礁構成的島嶼，它們散發出迷人的魅力。

漫長但簡單的歷史

現在的索羅門群島早在3,000年前已有人居住。1568年被西班牙人發現並命名。後來荷蘭、德國、英國等殖民者相繼到此。1885年北索羅門成為德國保護地，同年轉歸英國（布卡和布干維爾島除外）。1893年成為「英屬索羅門群島保護地」。第二次世界大戰期間一度被日本占領。1976年1月2日實行內部自治。1978年7月7日獨立。現為聯合國、英聯邦和太平洋島國論壇成員國。

首都荷尼阿拉

荷尼阿拉是索羅門首都，也是全國政治、經濟、文化和交通的中心及主要港口。位於索羅門群島最大島嶼瓜達爾卡納爾島北岸，是一座具有熱帶海島風光的海濱城市。城市街道整潔，新舊建築交雜。荷尼阿拉也是商業和行政中心。港口有深水碼頭。市內有植物園、植物標本館和一座陳列著各種傳統工藝美術品、戰爭紀念品的博物館。緊靠市中心有一條繁華的唐人街，唐人街入口的對面為中華公園。

巴布亞紐幾內亞

PAPUA NEW GUINEA

巴布亞紐幾內亞位於太平洋西南部。包括紐幾內亞島東半部及其他一些島嶼，西與印尼的伊里安查亞省接壤，南隔托雷斯海峽與澳洲相望。屬美拉尼西亞群島。全境共有600多個島嶼。主要島嶼包括新英格蘭、新愛爾蘭、馬努斯、布干維爾和布卡等。海岸線全長8,300公里，包括200海里專屬經濟區在內的水域面積達230萬平方公里。海拔1,000公尺以上屬山地氣候，其餘屬熱帶雨林氣候。

巴布亞紐幾內亞的許多村落至今還保留原始社會的生活，他們為了出門會自己做獨木舟。

國家的形成

紐幾內亞高地早已有人定居。1511年葡萄牙人抵達紐幾內亞島。18世紀下半葉，荷蘭、英國、德國殖民者接踵而來。1884年，英、德瓜分紐幾內亞島東半部和附近島嶼。1906年，英屬紐幾內亞交澳洲管理，改稱澳屬巴布亞領地。德屬部分在第一次世界大戰中被澳軍占領，1920年12月17日國際聯盟委託澳洲管理。1942年被日本占領。1945年聯合國將其重新交給澳洲託管。1949年澳洲將原英屬和德屬兩部分合併為一個行政單位，稱「巴布亞紐幾內亞領地」。1975年國家獨立。

部落社會的奇風異俗

巴布亞紐幾內亞各地的居民多生活在農村，特別是在偏遠的山區和內地，很少受到外界的影響，許多地方仍保留著原始社會的濃厚殘餘。高地人認為孩子5歲左右的時候就成人了，在此之前母親是不允許孩子離開自己一步的，但是孩子一旦成人，母親就改變自己的態度。高地的男孩長到6歲，必須舉行一次入社典禮：在鼻孔上穿洞。一般先用小樹枝插入，再將野豬牙或鳥爪

等裝飾品刺入洞內。從此，孩子便與母親分開，住進男人「公社」，學習狩獵與戰鬥經驗，學習養豬和製作弓劍。「公社」中的少年彼此以兄弟相稱，共住一室。

為了祈禱勝利或慶祝凱旋，高地人經常舉辦歌舞典禮。

凱旋盛典

為祈禱勝利或慶祝凱旋，高地人常讓孩子們主辦歌舞典禮。他們到河裡洗了澡，穿上新草裙，用豬油、炭粒以及植物液汁等做成化裝品塗抹在臉上，頭上戴著極樂鳥或鸚鵡的羽毛，胸前掛一種有袋類動物的毛皮，脖子上佩帶著玻璃球或貝殼串成的項鏈，鼻子上吊著鼻飾。男人們持槍攜弓，一邊高呼一邊奔跑，所有的婦女與兒童則緊緊跟隨著這些勇士，氣氛非常熱烈。他們的民歌悅耳動聽，常常圍著一個化了妝的青年縱情歌唱。

首都莫士比港市

莫士比港市是巴布亞紐幾內亞的首都，也是全國的政治和經濟中心，位於紐幾內亞島東南岸，是一個天然良港。英國軍艦司令官約翰·莫爾茲比於1873年創建，在第二次世界大戰中成為澳洲的空軍基地。莫士比港市是全國的第一大城市，具有美麗的南國風光，市內寬敞、整齊、清潔，在街道上到處可以看到芒果樹、扶桑、九重葛等熱帶植物。由於莫士比港市依山傍海，不少建築物隨著山體的起伏，星羅棋布於懸崖上。面臨港口的市區十分寬闊，郊外起伏緩和的山丘與背後深綠的山谷相連。港口的對岸是著名的海岸風景區，那裡有設備完善的海水浴場和海上運動設施。

庫克庫拉族的村落會議。

經濟

巴布亞紐幾內亞是開發中國家，資源豐富，經濟落後。礦產、石油和經濟作物種植是巴布亞紐幾內亞經濟的支柱產業。林業、漁業資源豐富。工業基礎薄弱，礦產主要有黃金、銅和石油。2001年受世界經濟衰退的影響，外貿出口、吸引投資和經濟發展遇到諸多困難。莫勞塔政府大力推進經濟結構調整，深化經濟體制改革，加快國有資產私有化，在保持經濟穩定，減緩衰退，改善經濟環境和抑制通貨膨脹等方面收到一定成效。

巴布亞紐幾內亞的採礦業發達，大部分產品供出口。

Travel Smart

烏拜古人 | 部落
極樂鳥 | 頭人

1. 烏拜古人約有600人，男人集中住在村子中間較大的橢圓形房屋裡，而婦女和小孩及「身價」較高的豬則住在四周的小圓屋裡。

2. 民間風俗中巴布亞紐幾內亞社會以部落為單元，酋長雖然實行世襲制，但要和普通居民一樣參加日常勞動。

3. 巴布亞紐幾內亞的國鳥是極樂鳥，是國家、民族獨立自由象徵。

4. 在偏僻山區，部落社會實行「頭人」統治，男子多赤身裸體，保持紋身的習俗。

大洋洲 紐西蘭

NEW ZEALAND

Aotearoa

紐西蘭位於太平洋西南部，西隔塔斯曼海與澳洲相望，相距1,600公里。由南島、北島及一些小島組成，兩島隔庫克海峽相望。全境多山，平原狹小，山地和丘陵占全國面積的75%以上，河流短而湍急，航運不便，但水利資源比較豐富。北島多火山和溫泉，南島的庫克峰海拔3,764公尺，為全國最高峰。海岸線長6,900公里。屬海洋性氣候。

國 家 檔 案

全名	紐西蘭
面積	27.05萬平方公里
首都	威靈頓
人口	469萬（2016年）
民族	歐洲移民後裔占78.8%，毛利人占14.5%，亞裔占6.7%
語言	官方語言為英語和毛利語
貨幣	紐西蘭元
主要城市	威靈頓、奧克蘭、基督城

🌐 自然地理

紐西蘭是南太平洋上一個景色如畫的島國。從紐西蘭往東是太平洋的遼闊水域，要越過1.06萬公里的太平洋才能到達南美大陸的西岸。它同巴塔哥尼亞和智利南部一樣，是世界上最南端的陸地，它的南海岸距離南極只有2,400餘公里，因此美國海軍選擇它作為南極探險基地。它的處境就像是在天之涯，在海之角，在大千世界的盡頭，所以紐西蘭被稱為「世界邊緣的國家」。

丘陵起伏的北島

丘陵面積約占全島面積的71%。北島的山脈多不連續且火山很多。北島的東南部有兩條平行的東北－西南向山脈，海拔1,500公尺左右；西邊為塔拉魯阿、魯阿西尼山；東邊為奧倫基、普基托伊山；中間為懷拉拉帕山谷；西北部也有兩條平行的山脈，走向為西北－東南，一為科爾維爾，一為塔拉納基，海拔500公尺左右，構成了奧克蘭和科羅曼德爾兩個半島。北島西海岸的南端聳立著海拔2,518公尺的埃格蒙特火山，具有對稱的火山錐。北島四周是一些狹窄的沿海平原。

紐西蘭境內到處有美麗的自然景觀。會發出轟然巨響的熱噴泉，在紐西蘭的資源中具有重要意義。

山脈連綿的南島

　　南島山地多，面積廣，約占全國面積的70%。在南島的西部，平行海岸綿延著雄偉的南阿爾卑斯山，山地中部的庫克峰海拔3,764公尺，是紐西蘭最高峰，被稱為「紐西蘭的屋脊」。南阿爾卑斯山的雪線大約在海拔2,000公尺，高於雪線的山峰在40座以上，所以山上終年白雪皚皚，山間形成很多冰川。

紐西蘭森林資源豐富，畜牧業發達。成群牛羊在草地上悠閒吃草。

🏛 歷史文化

　　紐西蘭的原始居民是玻里尼西亞種的毛利人，正是他們的勇敢探險才發現了這塊美麗的土地，而且在這塊土地上發展了他們獨特的語言、音樂和民族文化。1642年荷蘭人的到來是西方殖民者進入這塊土地的開始。早期的殖民者並沒有宣布對紐西蘭的所有權，直到1840年，英國宣布對紐西蘭的擁有權，紐西蘭成為英國的殖民地。殖民者的侵入一方面給這裡帶來了戰爭和苦難，但也一定程度上促進了生產力的發展。毛利人對殖民者的反抗使得英國政府改變對紐西蘭的政策，隨著社會的發展，也最終使紐西蘭獲得完全自主。

毛利人的鬼臉和飾品與他們的奇特習俗一樣引人注意。

毛利人與歐洲人的衝突

　　紐西蘭土著居民毛利人在和歐洲殖民者接觸後有了很大的改變，他們改進耕作方式，提高農作物的產量，也改進了他們生活的其他方

面。但隨著歐洲人的不斷湧入，廣大的土地又為英國女王及其移民所占有，毛利人對歐洲人產生了強烈的反感，並開始激烈反抗。從1843年～1872年，毛利人一直在與殖民者浴血奮戰。一開始是各部落分散採取軍事行動，後來便自行選出國王結成同盟，使英國人遭受到一系列的打擊。最後由於軍事力量的懸殊，毛利人以失敗收場。但是「毛利戰爭」顯示出毛利人的力量和英勇犧牲的精神，英國當局不得不做出讓步。

紐西蘭的獨立與發展

1861年因在南島發現金礦，使紐西蘭進入新的時代。金礦發現不久，人們發現此地的金礦並不像想像中的那麼豐富，但增加的人口卻使消費擴大，農業以及畜牧業、交通運輸業等也因此不斷發展。1863年鋪設了最早的鐵路，首都也遷往北島的威靈頓。1879年出現了經濟蕭條景象，農業收益瀕臨危機。這次經濟危機隨著冷凍事業和羊毛業的發展、以及肉類和乳酪的大量輸出，在1882年後終於舒緩。1891年紐西蘭最早的政黨——工黨產生，並掌握政權，施行了適合當時的社會政策及社會保障制度，獲得了「社會試驗的實驗室」的聲譽，引起了世界各地的關注，成為紐西蘭歷史上的一個里程碑。紐西蘭在1907年成為英聯邦的自治領，但政治、經濟、外交仍受英國控制。1947年紐西蘭獲得完全獨立，但仍為英聯邦成員。

講究享受的生活方式

紐西蘭人一直保有早期白人殖民者所帶來的純英國式生活形態，生活也都富裕，講究享受。由於生活富裕，一般人每天要吃好幾次東西，從早餐到宵夜，都有豐富的蔬菜、水果、麵包、西點、雞蛋、牛乳、羊排和牛排吃。因為是島國，海鮮特別多，名貴的黃螺、珠蚶和龍蝦等珍品到處可見，鱒魚等更是價廉物美，海蜇皮則是比蔬菜還要便宜的廉價海產。除正餐外，紐西蘭人

在紐西蘭的居民中，毛利是一個很重要的少數民族，是紐西蘭唯一明顯的非歐洲籍人種。木製的毛利人紀念碑顯示毛利人為保護國土做出的貢獻。

室內的陳設都是根據自己的愛好精心挑選的。雖然一般人生活得很樸素，但他們的住房和布置得宜的花園卻很漂亮。

碰鼻禮

毛利人待客的禮遇十分奇特。每當有客人到來，他們首先選出一名部落裡跑得最快的人，在賓客前做出各種各樣的鬼臉，揮舞手中的劍或長矛，表示歡迎。然後，婦女們邊高聲歡呼，邊跳起迎賓的「哈卡舞」。最後部落中德高望重者走向客人，向賓客致毛利人最高的敬禮——和客人碰鼻子。有的地方碰一次，有的地方碰兩次，碰鼻子的時間越長，說明賓客受到的禮遇就越高。

驚人的啤酒消耗量

紐西蘭人非常的嗜酒，但酒品公賣卻受到種種限制，「特許售酒」的餐館只能供應葡萄酒，甚至「特許出售一切酒類」的餐館，雖然可以供應烈酒，但是顧客必須要先點一份正餐，才能端上一杯雞尾酒。儘管如此，紐西蘭的啤酒消耗量很是驚人。在嗜飲啤酒者當中，紐西蘭名列世界第五位，平均是每人每年喝110升。西港這個小鎮，過去曾在1.6公里長的路上開設了82家酒店。

紐西蘭是一個移民國家，在法國移民的節日上，人們可以看見這種前輪大後輪小的腳踏車

每天還要喝6次茶，而且紐西蘭人很喜歡喝酒，每家都設有自己的酒窖。另外，紐西蘭人絕對不容許建築密集的住宅，每個家庭都擁有占地1,000平方公尺的住宅。

🏛 主要城市

紐西蘭和其他英聯邦的新興國家一樣，城市發展迅速。城市人口占總人口的80%以上，人口多集中在大型港灣城市。北島的城市中以奧克蘭及威靈頓最為突出，這裡的城市以獨特的寬廣住宅為主逐漸拓展。南島以基督城及達尼丁兩大城市為主，其他小城市主要分布在東海岸沿岸。西海岸及內陸的山嶽地帶城市不多。

多風的首都威靈頓

威靈頓坐落在北島最南端，瀕臨庫克海峽，環抱著天然良港尼科爾森港。尼科爾森港闊水深，可同時停泊多艘萬噸巨輪，由美國駛往澳洲的船隻，大多數都要在這裡添水加油，是紐西蘭全國第二大港口。從地理位置上看，威靈頓正好處在全國中心，並有鐵路同北島各地相連，就是同國外也有密切的海、空聯繫，是紐西蘭沿海和國際島際航運中心。由於威靈頓瀕臨海濱，加之地勢較高，時常受到海風的侵

威靈頓的主要建築是一些樣式漂亮又相當樸素的木頭房屋。

襲。一年中大部分日子都颳風，而且風力較大，因而人們風趣地把威靈頓稱為「風城」。在這個城市裡，任何東西凡是留存至今的，都因為是不能被吹倒或震塌的。市中心部分設有繩索，為的是使人們在大風中能拉住它走穩。

第一大城奧克蘭

奧克蘭位於北島偏北部，迄今仍是紐西蘭最大的城市。在情調上它既不是英格蘭的，也不是蘇格蘭的，而是一個具有各方面影響的開放性城市。產生這些影響的，有住在城市裡為數近6萬的毛利人，再加上4萬其他南島的人，這使奧克蘭成為世界上最大的玻里尼西亞人的城市。在此處，不紀念什麼令人感到乏味的英雄，而是在女王大街上高高聳立著一座手握大棒的毛利勇士的銅像。奧克蘭也是全國最大的商港、軍港和航空站，並且是國內工商業的中心，是一個沒有污染的城市，也是這個國家唯一具有國防意義的大城市。

奧克蘭是紐西蘭最大的城市，將大部分北島和北面狹長的半島連接起來。

數量眾多的羊是紐西蘭畜牧業發展的基礎。

💰 經濟

紐西蘭是經濟發達的國家，以農牧業為主，農牧產品出口量占出口總量的50%。羊肉和乳製品出口量居世界第一位，羊毛出口量居世界第二位。20世紀70年代後經濟增長速度緩慢。1990年，政府進一步深化前工黨政府的經濟改革，嚴控社會福利和政府開支，推行低通貨膨脹、低利率政策，促進投資和外貿出口，成效顯著。經濟增長率曾達6.3%，政府財政連年盈餘，通貨率和失業率低於2.5%。1998年受亞洲金融危機影響，經濟出現負增長。1999年底，經濟開始恢復增長。

畜牧業為支柱產業

紐西蘭畜牧業發達，是其國民經濟的基礎，畜牧業用地為1,352萬公頃，占全國土地面積的一半。畜牧產品一直是紐西蘭的主要出口商品，又是償付進口商品所需外匯的重要來源。其中乳製品和肉類是紐西蘭最重要的出口產品。多年以來，紐西蘭的羊肉、羔羊肉及黃油的出口量一直占世界首位，羊毛的出口量僅次於澳洲，居世界第二位。紐西蘭是世界著名的畜產品生產國與出口國，素有「畜牧之國」稱號。

紐西蘭畜牧業的機械化和電器化程度較高，已有90%的牧場得到了電力供應。農用航空事業發達，廣泛使用飛機為牧場施肥、播種等。因而紐西蘭畜牧業的集約化程度很高，同時也大大提高了勞動生產率。紐西蘭已成為世界上平均每個勞動力生產畜牧品、和平均每隻羊剪毛量最多的國家。然而，由於紐西蘭長期單一發展畜牧業，造成國民經濟對畜牧業的嚴重依賴。隨著世界經濟形勢的變化，其畜牧業出口時常遇到困難。為擺脫困境，紐西蘭已開始挖掘本國資源的潛力，注意發展石油化工、煉鋁、煉鋼、電力及林業等部門，以求向多樣化經濟邁進。

地熱發電站能使人們更有效地利用熱泉資源。

豐富的旅遊資源

紐西蘭是一個四面臨海的小國，擁有舉世無雙的自然景觀和在南太平洋中的優越地理位置。紐西蘭的自然之美，沒有人工潤澤，充滿原始風味。紐西蘭是一個旅遊資源豐富的島國，土地上布滿了翠玉似的小山，有些還可以看出火山的痕跡，還有各種不同的藍色海灣。在紐西蘭境內，有眾多的熱噴泉，水流湍急的大瀑布，成群聚居的動物，廣闊的雪山山坡，匯成壯觀的景色。此外，內陸還有許多寧靜的湖泊，一望無際的草原以及數以百計的海水浴場，會使人感到如置身在世外桃源，所以每年都有幾十萬遊客入境。

大洋洲其他國家 *OTHER COUNTRIES IN OCEANIA*

在浩瀚的南太平洋上，散落著一萬多個大大小小、形狀各異的島嶼。它們宛如一顆顆璀璨的珍珠，把這塊水域妝點得奇光異彩，婀娜多姿。這些島嶼南瀕澳洲和紐西蘭，並與南極遙遙相望，西接印尼和菲律賓，東部及東北部與南北美洲相對，西北與中國隔海相望。它們地處亞洲、南北美洲及澳洲大陸之間，是各大洲海、空航線及海底電纜必經之地。人們通常把這些島嶼劃分為美拉尼西亞、密克羅尼西亞和玻里尼西亞三大島群。這三大島群的面積總計有18萬多平方公里，人口約400多萬。

斐濟群島大部分為珊瑚礁環繞的火山島，較大的島嶼聳立著很多山，其中很多是人跡罕至之地。

在三大島群上，現在共有13個獨立的主權島國。美拉尼西亞屬於西邊的一組，意為「黑人群島」，其人口多，陸地面積之大位居三大島群之首。中部和北部的一組島嶼是密克羅尼西亞，原意為「小島群島」。玻里尼西亞位居太平洋東部，是一個「多島群島」，它是三大島群中分布面積最廣、島嶼數目最多的島群。

斐濟 REPUBLIC OF FIJI

斐濟位於西南太平洋中心，由332個島嶼組成，其中106個島嶼有人居住。分布成馬蹄狀，多為珊瑚礁環繞的火山島，比較大的島嶼有維提島和瓦努阿島等。群島上的氣候屬熱帶海洋性氣候，年平均氣溫為22℃～30℃。斐濟林業資源豐富，森林覆蓋面占國土的50%。另外，斐濟漁業資源豐富，盛產金槍魚。在工業方面，主要是製糖和金礦以及新興的服裝和製鞋業。蔗糖生產已經成為其支柱產業之一。斐濟在1970年10月10日獨立，並成為英聯邦成員。1987年改稱共和國，並脫離英聯邦。1997年9月30日恢復英聯邦成員資格。1998年改國名為「斐濟群島共和國」。

在斐濟，有很多極富民族特色的風俗習慣。每年的8月中旬，斐濟都要舉行為期一週的紅花節。紅花即扶桑花，又稱木槿花，是斐濟的國花。節日期間會舉行化妝遊行，選舉「紅花皇后」。在阿爾伯特廣場上，成千上萬的觀眾翩翩起舞，狂歡慶祝這一節日。到斐濟的人都知道，在斐濟有兩大國粹：

「塔布阿」（指鯨的平齒）和「楊格納」（當地的一種土產飲料）。在斐濟，最有特色的還有「走火」和鼓節，非常刺激。

國家檔案

全名	斐濟群島共和國
面積	陸地面積1.83萬平方公里，水域面積129萬平方公里
首都	蘇瓦
人口	89萬（2016年）

蘇瓦坐落在三面環水、一面靠山的山坡之上。市中心的各主要街道上，汽車川流不息，城市正在向著現代化方向發展。

馬紹爾群島

REPUBLIC OF THE MARSHALL ISLANDS

馬紹爾群島位於中太平洋。由29個環礁島群和5個小島共1,225個大小島嶼組成，東南面的為日出群島，西北面的為日落群島，中間相隔約208公里。海岸線長370.4公里。絕大部分人口集中在首都和誇賈林島上。它屬熱帶海洋氣候，年平均氣溫27℃，年降水量3,350毫米。

馬紹爾群島散布於大洋之中，漁業資源豐富，海洋生物種類繁多。椰乾是馬紹爾群島主要的收入來源。馬紹爾在1991年成為聯合國正式成員。

馬紹爾群島有上千個大小島礁組成，美麗的海灘和棕櫚樹為這個熱帶島國增添了無數風情。

國 家 檔 案

全名	**馬紹爾群島共和國**
面積	陸地面積181.3平方公里（包括比基尼環礁、埃尼威托克環礁和瓜加林環礁），水域面積213萬平方公里
首都	馬久羅
人口	7.2萬（2015年）

庫克群島  *COOK ISLANDS*

庫克群島位於南太平洋，屬玻里尼西亞群島，由15個島嶼組成，它的東邊與法屬波利尼西亞的塔希提相距1,100公里，北與吉里巴斯的南萊恩群島相望，西與薩摩亞和東加相鄰。庫克群島屬熱帶雨林氣候。南太平洋上大部分島國一年中幾乎都處於溫熱天氣中。

毛利人世居島上。1773年，英國庫克船長探險到此，即以「庫克」命名。庫克群島內部自治，防務和外交由紐西蘭負責，當地居民既是英國臣民又是紐西蘭公民。

群島上基本屬於農村自然經濟，以旅遊業、農業（熱帶水果）、捕魚業和黑珍珠養殖業及離岸金融業為主。南部微型環礁主要種植熱帶水果；北部環礁主要種植椰子和捕魚。

旅遊業是庫克群島的支柱產業，其收入約占國內生產總值的40%左右。工業方面只有水果加工、香皂生產、香水生產、以及紀念品製造等。島上沒有鐵路運輸，只有公路、海運和空運。另外，在庫克群島上，有8所政府醫院，實行免費醫療制度。

國家檔案

全名	庫克群島
面積	240平方公里
首都	阿瓦魯阿
人口	2.1萬（2016年）

庫克群島上的居民大多為庫克毛利人，屬玻里尼西亞人的一支，與紐西蘭島上的毛利人有血統聯繫，膚色較黑，文化也相近。圖為庫克毛利人木雕。

東加 KINGDOM OF TONGA

大洋洲

東加位於南太平洋的西部，國際換日線西側，西鄰斐濟。由東加塔布、哈派和瓦瓦烏3個群島共172個島嶼組成，其中36個有人居住。

東加在西經175°～177°和南緯15°～23°31′之間。東加南部為熱帶草原氣候，北部為典型的熱帶雨林氣候。12月至翌年的4月為雨季，5月～11月為乾季。東加有兩種代表性的植物：椰子和香蕉。東加大蝙蝠是其代表性的動物，素有「飛狐」之稱。境內礦產資源比較貧乏，無煤炭、石油，又無河流水力，全靠進口石油發電。不過，隨著近年勘探技術的加強，部分礦藏資源將被開發利用。

東加是一個古老的王國，也是目前南太洋地區唯一實行君主立憲制的國家。1970年6月4日獨立，並成為英聯邦成員。由於國際換日線穿過該國的東境，因此，東加有「世界上日出最早的國家」之稱。東加幾乎所有人都信奉基督教。在東加人們以胖為美。

東加首都努瓜婁發是一個海港城市，大街沿港口延伸。市內高層建築不多，但房屋整齊。

國家檔案

全名	東加王國
面積	陸地面積747平方公里，水域面積25.9萬平方公里
首都	努瓜婁發
人口	約10.7萬（2016年）

吉里巴斯

REPUBLIC OF KIRIBATI

吉里巴斯位於太平洋中部，是由吉伯特、費尼克斯、萊恩三個群島和巴納巴島（又稱大洋島）等共33個島嶼和水域組成。吉里巴斯的島嶼和水域，橫跨東經169°～西經150°和北緯5°～南緯12°之間，是世界上唯一一個地跨赤道、橫越國際換日線的國家，也是地跨南北兩半球，又跨東西兩半球的國家。吉里巴斯在1979年7月12日獨立，為聯合國、英聯邦、太平洋島國論壇成員。吉里巴斯屬熱帶海洋性氣候，常年高溫，年平均氣溫27.5℃。其各島均為珊瑚島，所以島上的土壤幾乎均為珊瑚礁所形成的石灰質土壤，適宜種植椰子、木槿、鐵樹等。

吉里巴斯擁有十分遼闊的海域，豐富的海產資源，但本國總體經濟不振、綜合國力較弱，捕撈設施和方法都很落後，捕撈能力非常有限，因此，只好把資源出賣給外國，從中收取稍微豐厚一點的捕魚執照費。吉里巴斯的工業基礎非常薄弱，只有一家造船兼修理廠，另外還有一些小型的椰子加工、食品、工藝品、服裝和皮革製品製造等工業。在農業生產上，以種植椰子為主。吉里巴斯的交通運輸業主要靠海運，其次為空運，公路運輸力量十分薄弱。

吉里巴斯人大部分居住在農村，他們勤勞溫和、端莊有禮。

國家檔案

全名	**吉里巴斯共和國**
面積	陸地總面積812平方公里，水域面積350萬平方公里
首都	塔拉瓦
人口	11.4萬（2016年）

密克羅尼西亞

FEDERATED STATES OF MICRONESIA

密克羅尼西亞位於北太平洋，由波納佩、科斯雷、雅浦和特魯克四大群島的607個島嶼組成。島嶼為火山型和珊瑚礁型，多山地。它位於東經137°～162°和北緯2°～10°之間，東西延伸2,500餘公里。海岸線長6,112公里。擁有海域298萬平方公里。它北鄰北馬利安納群島，東望馬紹爾群島，南與巴布亞紐幾內亞隔洋相望，西鄰帛琉。密克羅尼西亞地處赤道以北，屬熱帶海洋氣候。

這裡在二戰後，由美國託管，1990年結束託管地位，並於1991年加入聯合國。密克羅尼西亞源於希臘文，意即「小島群島」，「密克羅」意為「小」，「尼西亞」意為「島」。此地是密克羅尼西亞島群的中心，國名因此而得。密克羅尼西亞地區大部分土地都較貧瘠，不適於生產糧食和蔬菜，但可種植椰樹和麵包樹。在工業方面，只有少量的加工工業。盛產胡椒，是該國出口的重要產品之一。

國家檔案

全名	**密克羅尼西亞聯邦**
面積	陸地面積705平方公里，水域面積298萬平方公里
首都	帕里克爾
人口	10.49萬（2016年）

密克羅尼西亞首都帕里克爾位於波納佩島上，城市降水豐沛，熱帶植物生長繁茂，風光秀美。

薩摩亞

INDEPENDENT STATE OF SAMOA

薩摩亞由以薩瓦伊島和烏波盧島為主的9座島嶼組成。它北鄰吉里巴斯的費尼克斯群島,南有庫克群島,東為法屬玻里尼西亞,西鄰斐濟。離美屬薩摩亞最近,僅128公里之遙。由於處於南太平洋玻里尼西亞群島的中心地帶,因此被稱為玻里尼西亞的「心臟」。其中的薩瓦伊島最大,面積占全國面積的62%。薩摩亞地處赤道南側,屬熱帶海洋氣候。年平均氣溫在28℃左右,全年氣溫變化很小,無四季之分。

東薩摩亞至今由美國統治,西薩摩亞在1962年獨立,並於1997年改國名為薩摩亞。薩摩亞經濟以農業為主,工業上則以初級產品加工為主,因此,被聯合國列為最不發達國家之一。椰子和可可是薩摩亞最主要的熱帶經濟作物,香蕉和芋頭是主要的自給性作物。

國家檔案

全名	薩摩亞獨立國
面積	陸地面積2,934平方公里,水域面積12萬平方公里
首都	阿庇亞
人口	19.5萬(2016年)

南太平洋的生物資源得天獨厚,這是海洋深處的刺魨。

帛琉 REPUBLIC OF PALAU

　　帛琉位處於太平洋西北部，是由340個島嶼所組成，南北走向長達640公里。它東鄰密克羅尼西亞聯邦，南與印尼的伊里安島遙遙相望，西鄰菲律賓。

　　帛琉地處赤道以北，屬熱帶海洋氣候。帛琉原為美國託管，在1994年，成為獨立的主權國家，但仍與美國保持特殊的良好關係。帛琉在當地土語中意為「群島」。

國家檔案

全名	帛琉共和國
面積	陸地面積458平方里，水域面積62.9萬平方公里
首都	梅萊凱奧克
人口	2.15萬（2016年）

諾魯 REPUBLIC OF NAURU

　　諾魯位於太平洋中部，赤道以南60公里處，在東經167°，南緯0°32′。諾魯是一個僅有21.1平方公里的孤島，是南太平洋上國土最少的獨立國家，但它的海域面積卻很大，達32萬平方公里。它距雪梨4,000公里，距夏威夷4,160公里，距吉里巴斯的首都塔拉瓦711公里，離諾魯最近

　　的地方是吉里巴斯領土巴納巴島，相距僅264公里。

　　諾魯屬熱帶雨林氣候。雖然諾魯面積很小，是世界上最小的島國，是「南太平洋上的一個大頭釘」，但是全島3/5的地面覆蓋著厚達6公尺～10公尺的磷礦。因此，它是世界上最重要的磷礦產地。諾魯磷礦年出口量都在200萬噸～220萬噸，主要銷往澳洲、日本、英國等國。諾魯也因此成為南太平洋地區人均年收入最高的國家。

國家檔案

全名	諾魯共和國
面積	陸地面積21.1平方公里，水域面積32萬平方公里
首都	塔拉瓦　不設首都。行政管理中心在雅連區
人口	約1萬（2011年）

南太平洋水域生物物種豐富，美麗的珊瑚和各式各樣的海洋生物構成了一幅世間罕見的美景。

吐瓦魯

大洋洲

TUVALU

　　吐瓦魯位於太平洋中部，東經176°～180°和南緯5°～11°之間。它距斐濟1,300公里，與吉里巴斯的吉伯特群島相鄰，西邊遙望索羅門群島，東鄰紐西蘭屬地托克勞群島。吐瓦魯是南太平洋地區面積第二小的島國。整個國家是由9座島嶼組成，但只有8座島嶼有人居住。吐瓦魯在1978年6月實行自治，10月1日獨立。吐瓦魯屬熱帶海洋性氣候，受季風的影響比較明顯。每年的3月～10月為旱季，11月～次年2月為雨季。年平均氣溫29℃，氣溫年較差極小。

　　吐瓦魯資源匱乏，土地貧瘠，經濟以農業為主，工業幾乎沒有。雖然吐瓦魯的海產資源十分豐富，但因無力開發，只能出賣資源，每年收取30萬澳元的捕魚執照費。

　　魚翅是最主要的出口產品，圖盧瓦是世界上主要的魚翅出產地之一。

吐瓦魯人的手工藝品充分體現了玻里尼西亞和密克羅尼西亞的風格與文化特色。

國家檔案

全名	**吐瓦魯**
面積	陸地面積26平方公里，水域面積約130萬平方公里
首都	富納富提
人口	1.1萬（2016年）

萬那杜 *REPUBLIC OF VANUATU*

大洋洲

　　萬那杜由80餘個呈現丫字形的島嶼組成。萬那杜在當地的比斯拉馬語中，是「賴以生存的土地」的意思。萬那杜在1906年淪為英法共管殖民地。1978年實行內部自治，1980年7月30日獨立。萬那杜屬熱帶雨林氣候。萬那杜耕地和牧場的面積占全國土地面積的10%，農村人口占全國人口的80%。以熱帶經濟作物生產為主，椰子種植面積和產量在大洋各國中僅次於巴布亞紐幾內亞，居第二位，是其主要的出口商品。漁業資源豐富，盛產金槍魚。

📖 Travel Smart

奇特的成人儀式

在萬那杜流行一種活動，就是現在高空彈跳運動的雛形。關於它的產生還有一段神奇的傳說。在一個古老的小村莊，一位妻子不堪丈夫的虐待，就爬到一棵藤蔓纏繞的高大榕樹上去。結果還是被丈夫發現了，丈夫追趕到樹上，這位妻子忍無可忍就從樹頂上跳下來了……命大的妻子相安無事，而丈夫卻摔在地上，一命嗚呼。當時的酋長認為，這位婦女的精神和意志值得提倡和發揚，便令村中的男人仿照這位婦女，從高空跳下，以考驗他們的意志和勇敢，日後高空彈跳就成為一種男子成人儀式。

國家檔案

全名	萬那杜共和國
面積	陸地面積1.219萬平方公里，水域面積84.8萬平方公里
首都	維拉港
人口	27.04萬（2016年）

萬那杜的民間舞蹈別具特色，演員們身著彩裙，頭頂動物模型，手持棍棒，舞姿豪放。

哈薩克

蒙古

喬治亞
亞美尼亞　亞塞拜然
土耳其　　　　　烏茲別克　吉爾吉斯
　　　　　　　　土庫曼　　塔吉克
　　　　　　　　　　　　　　　　中國
賽普勒斯　★　敘利亞
黎巴嫩　　　　　　伊拉克　　伊朗　　阿富汗
巴勒斯坦
以色列　　約旦　　　　　　　　　　　　　不丹
　　　　　　　　科威特　　　巴基斯坦　尼泊爾　　　　越南
　　　　　巴林　★
　　　　　　　　卡達　　　　　　　　　　　　　　緬甸　寮國
　　　　　　阿拉伯　　　　　　　　　　　
沙烏地阿拉伯　聯合大公國　　　　印度　　　　　　　泰國
　　　　阿曼　　　　　　　　　　　　孟加拉
　　　葉門　　　　　　　　　　　　　　　　　　　柬埔寨

斯里蘭卡

馬爾地夫　　　　　　馬來西亞

　　　　　　　　　　新加坡

　　　　　　　　　　印度尼西亞

印
度
洋

環球國家地理：亞洲・大洋洲

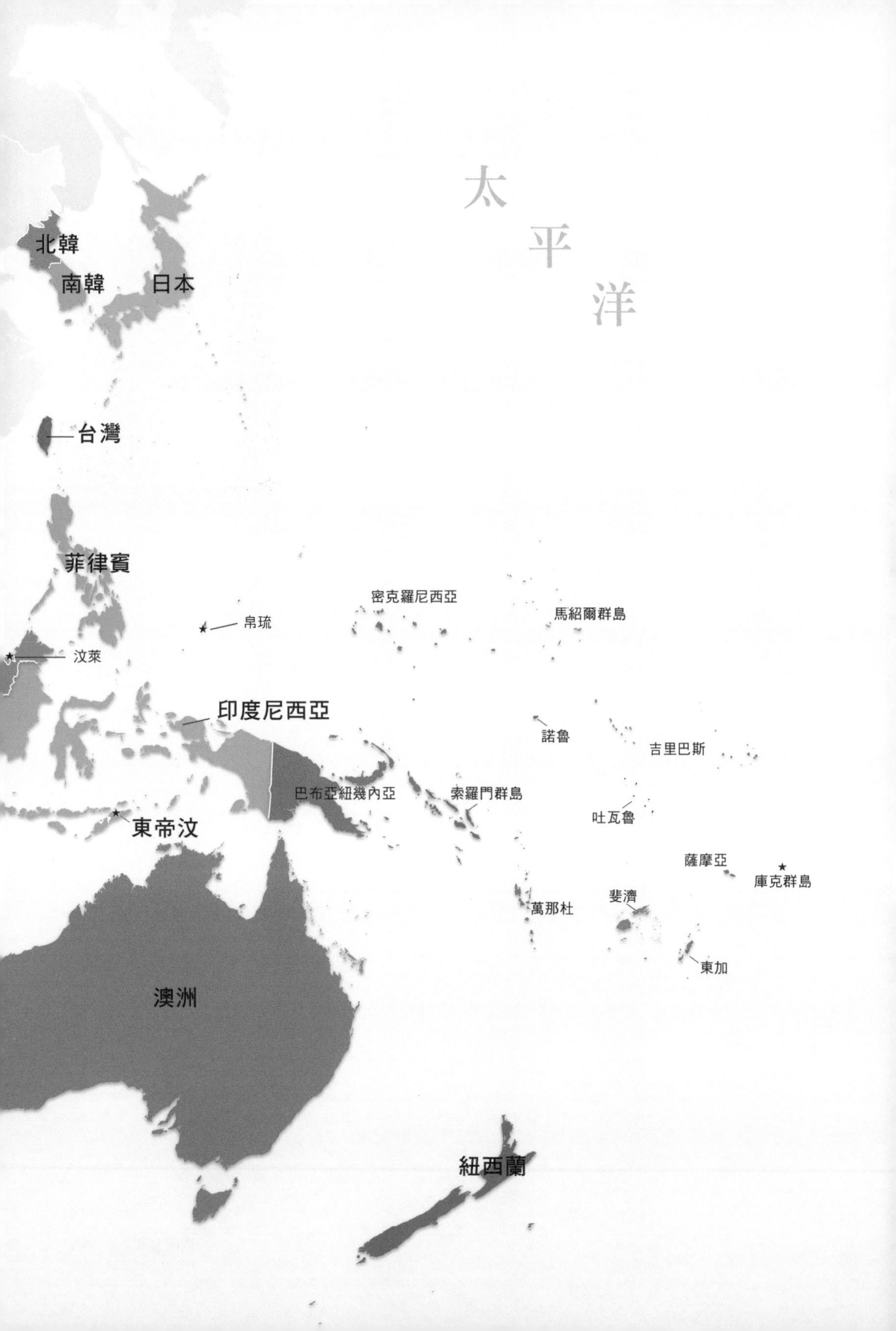

太平洋

北韓

南韓　日本

—台灣

菲律賓

★—帛琉

密克羅尼西亞

馬紹爾群島

★—汶萊

印度尼西亞

諾魯

吉里巴斯

巴布亞紐幾內亞

索羅門群島

吐瓦魯

東帝汶

薩摩亞

★
庫克群島

萬那杜

斐濟

東加

澳洲

紐西蘭

環球國家地理：亞洲‧大洋洲

｜全新黃金典藏版｜

作　　者　《環球國家地理》編輯委員會

發 行 人　林敬彬
主　　編　楊安瑜
副 主 編　黃谷光
編　　輯　吳瑞銀、夏于翔
協力編輯　陳于雯、丁顯維
內頁編排　Aoife Huang
封面設計　Aoife Huang

出　　版　大旗出版社
發　　行　大都會文化事業有限公司
　　　　　11051 台北市信義區基隆路一段432號4樓之9
　　　　　讀者服務專線：(02) 27235216
　　　　　讀者服務傳真：(02) 27235220
　　　　　電子郵件信箱：metro@ms21.hinet.net
　　　　　網　　　　址：www.metrobook.com.tw

郵政劃撥　14050529 大都會文化事業有限公司
出版日期　2017年10月修訂初版一刷
定　　價　380元

ISBN　　978-986-95038-7-7
書　　號　Image-21

Metropolitan Culture Enterprise Co., Ltd.
4F-9, Double Hero Bldg., 432, Keelung Rd., Sec. 1,
Taipei 11051, Taiwan
Tel: +886-2-2723-5216　Fax: +886-2-2723-5220
E-mail: metro@ms21.hinet.net
Web-site: www.metrobook.com.tw

國家圖書館出版品預行編目(CIP)資料

環球國家地理：亞洲‧大洋洲 (全新黃金典藏版) /《環球國家地理》
編輯委員會 編著. —— 修訂初版. ——
臺北市：大旗出版：大都會文化發行, 2017.10
224 面；17 x 23 公分 —— (Image；21)
ISBN 978-986-95038-7-7 (平裝)

1. 自然地理　2. 人文地理　3. 亞洲　4.大洋洲

730.6　　　　　　　　　　　　　　106014193